ドイツ語圏略地図 （ ☐ はドイツ語使用地域）

Masao Kasuga

Jun Matsuzawa

Deutschland, wie es ist

わかるぞドイツ語! みえるぞドイツ!
WEB改訂版

verbesserte Auflage + WEB

Asahi Verlag

まえがき

◉ 初めてドイツ語を学ぼうとしている学生の皆さん。

◉ 本書は、皆さんが楽しく興味を持ってドイツ語を学習できる文法の教科書です。文法を学ぶことは、ドイツ語の文章を読むために決して欠くことはできません。

◉ 今日では、インターネットが日常生活の中にしっかりと根付き、私たちは事ある毎にインターネットで検索します。これは日本語だけではなくドイツ語でも同じです。

◉ 例えば、エネルギー問題では、3.11以降ドイツは稼働していた17基の原発を2022年までにすべて停止する決定をしたこと、スポーツではドイツ人が愛してやまないサッカーのこと、お祭りではミュンヒェンの人々が楽しみにしているオクトーバーフェストのこと、音楽好きならベルリン・フィルハーモニー管弦楽団のこと等々、いろいろなことをインターネットで知ることができるのです。

ドイツ語のホームページでは、それらのことを含めたくさんのことを詳しく知ることができます。

試しにAtomausstieg, Bundesliga, Oktoberfest, Berliner Philharmonikerを検索して下さい。そこに書かれているドイツ語の文章を読めるようになることを想像して下さい。辞書を引きながらでも楽しめたら素晴らしいことですね。

◉ ドイツ語はきちんと法則にしたがって構成されていますので、とても学びやすい言語なのです。

◉ さあ、未知なるドイツ語の世界に飛び込んで下さい。1年後には辞書を引きながらインターネットを読めるようになることでしょう。

◉ なお、各課最初のページで取り上げたドイツ事情の映像を、計12場面、特設ホームページから見ることができます。

◉ 最後に、本書は御好評をいただいた前書の改訂版です。各課の練習問題と課末のÜbungを大幅に書き換えました。

2022年　春

著者

Inhalt

Das Alphabet

A	a	*A*	*a*	aː	Q	q	*Q*	*q*	kuː
B	b	*B*	*b*	beː	R	r	*R*	*r*	ɛr
C	c	*C*	*c*	tseː	S	s	*S*	*s*	ɛs
D	d	*D*	*d*	deː	T	t	*T*	*t*	teː
E	e	*E*	*e*	eː	U	u	*U*	*u*	uː
F	f	*F*	*f*	ɛf	V	v	*V*	*v*	faʊ
G	g	*G*	*g*	geː	W	w	*W*	*w*	veː
H	h	*H*	*h*	haː	X	x	*X*	*x*	ɪks
I	i	*I*	*i*	iː	Y	y	*Y*	*y*	ýpsilɔn
J	j	*J*	*j*	jɔt	Z	z	*Z*	*z*	tsɛt
K	k	*K*	*k*	kaː					
L	l	*L*	*l*	ɛl	Ä	ä	*Ä*	*ä*	ɛː
M	m	*M*	*m*	ɛm	Ö	ö	*Ö*	*ö*	øː
N	n	*N*	*n*	ɛn	Ü	ü	*Ü*	*ü*	yː
O	o	*O*	*o*	oː					
P	p	*P*	*p*	peː		ß		*ß*	ɛs-tsɛ́t

発音　アルファベートが読めれば発音できます

 発音の3つの原則をおぼえましょう 🔊 03

	(子)(母)(子)(母) ↓ ↓ ↓ N a m e 名前	(子)(母)(子)(子)(母) ↓ ↓ ↓ ↓ T a n t e おば
❶ ほぼアルファベートの読み方に従います。	ナ・メ	タ・ン・テ
❷ アクセントは原則として、最初に出てくる母音にあります。	**ナ**・メ	**タ**・ン・テ
❸ アクセントのある母音は子音1個の前では長く、子音2個以上の前では短く発音するのが普通です	**ナー**メ	**タ**ンテ

上の原則を参考にしながら、次の単語を発音しましょう。

1. Dame　婦人
2. Karte　カード
3. Regen　雨
4. Ende　終わり
5. Bibel　聖書
6. Bitte　頼み
7. Boden　土地
8. Form　形
9. Blume　花
10. Hunger　空腹

§1 母音（特に注意するもの） 🔊 04

1) ä	[εː] エー	Bär ベーァ	熊	
	[ε] エ	Lärm レルム	騒音	
2) ö	[øː] エー	Flöte フレーテ	フルート	
	[æ] エ	Löffel レッフェル	スプーン	

i

3) **ü**	[yː] ユー	Tür **テュ**ーア	ドア	
	[Y] ユ	Glück グ**リュ**ック	幸福	
4) **ie**	[iː] イー	Brief ブ**リ**ーフ	手紙	
5) **au**	[aʊ] アオ	Baum バオム	木	
6) **ei**	[ai] アイ	Bein バイン	脚	
7) **äu** **eu**	[ɔY] オイ	Räuber ロイバー	強盗	
		Leute ロイテ	人々	

§2 **子音** (特に注意するもの) 🔊 05

1) 単語の末尾 または子音の 前の **b, d, g**	[p] プ	Herbst ヘルプスト	秋	
	[t] ト	Hand ハント	手	
	[k] ク	Tag ターク	日	

2) a, o, u, au のあとの **ch**	[x] ハ	Nacht ナハト	夜	
	[x] ホ	Koch コッホ	料理人	
	[x] フ	Buch ブーフ	本	
	[x] ホ	Rauch ラオホ	煙	
それ以外の **ch**	[ç] ヒ	Milch ミルヒ	ミルク	
3) chs, x	[ks] クス	Fuchs フクス	キツネ	
		Taxi **タ**クシィ	タクシー	
4) j	[j] ユ	Junge **ユ**ンゲ	男の子	
5) s + 母音	[z] ズ	Suppe **ズ**ッペ	スープ	
6) 母音 + **h**	［無音］	Bahn バーン	鉄道	
7) sch	[ʃ] シュ	Schule **シュ**ーレ	学校	

8) **tsch**	[tʃ] チュ	Deutschland **ド**イチュラント	ドイツ	
9) 単語の頭に ある **sp, st**	[ʃp] シュプ	Speise シュ**パ**イゼ	料理	
	[ʃt] シュト	Stein シュ**タ**イン	石	
10) **ss, ß**	[s] ス	Tasse **タ**ッセ	カップ	
		Straße シュト**ラ**ーセ	道路	
		ss の前の母音は短く発音します。 ß の前の単母音は長く発音します。		
11) **v**	[f] フ	Vater **ファ**ーター	お父さん	
12) **w**	[v] ヴ	Wein **ヴァ**イン	ワイン	
13) **ds, ts** **tz, z**	[ts] ツ	Katze **カ**ッツェ	猫	
		Zeitung **ツァ**イトゥング	新聞	
14) **dt**	[t] ト	Stadt シュ**タ**ット	町	
15) 単語の 末尾の **ig**	[ɪç] イヒ	König **ケ**ーニヒ	王様	

おぼえておこう！　発音練習を兼ねて

● Eine Woche　1週間
アイネ　ヴォッヘ

🔊 06

Sonntag 日曜日	Montag 月曜日	Dienstag 火曜日	Mittwoch 水曜日
ゾンターク	モーンターク	ディーンスターク	ミットヴォッホ

Donnerstag 木曜日	Freitag 金曜日	Samstag *od.* Sonnabend 土曜日
ドンナースターク	フライターク	ザムスターク オーダー ゾンアーベント

● Die zwölf Monate　12カ月
ディー　ツヴェルフ　モーナテ

Januar 1月	Februar 2月	März 3月	April 4月
ヤヌアール	フェーブルアール	メルツ	アプリル

Mai 5月	Juni 6月	Juli 7月	August 8月
マイ	ユーニ	ユーリ	アオグスト

September 9月	Oktober 10月	November 11月	Dezember 12月
ゼプテンバー	オクトーバー	ノヴェンバー	デツェンバー

● Die vier Jahreszeiten　四季
ディー　フィーァ　ヤーレスツァイテン

Frühling 春	Sommer 夏	Herbst 秋	Winter 冬
フリューリング	ゾンマー	ヘルプスト	ヴィンター

Grußformeln あいさつの言葉 07

グルースフォルメルン

Guten Morgen, Herr Schneider!　　おはようございます、シュナイダーさん。
グーテン **モ**ルゲン　　**ヘ**ァ　シュ**ナ**イダー

Guten Tag, Frau Schulz!　　こんにちは、シュルツさん。
グーテン **ター**ク フ**ラ**オ シュルツ

Guten Abend, Thomas!　　こんばんは、トーマス。
グーテン **アー**ベント **ト**ーマス

Gute Nacht, Maria!　　おやすみ、マリーア。
グーテ **ナ**ハト　マ**リー**ア

Wie geht es Ihnen?　　ごきげんいかがですか。
ヴィー **ゲー**ト エス **イ**ーネン

Danke, gut.　Und Ihnen?　　ありがとう、元気です。あなたはどうですか。
ダンケ　　**グ**ート　**ウ**ント **イ**ーネン

Guten Appetit!　　おいしく召し上がれ。
グーテン アペ**ティ**ート

Danke schön!　　ありがとうございます。
ダンケ　**シェ**ーン

Bitte schön!　　どういたしまして。
ビッテ **シェ**ーン

Entschuldigung!　　すみません。
エント**シュ**ルディグング

Alles Gute!　　お元気で。
アレス **グ**ーテ

Viel Spaß!　　どうぞ楽しんでください。
フィール シュ**パ**ース

Auf Wiedersehen!　　さようなら。
アオフ **ヴィ**ーダーゼーエン

Tschüs!　　バイバイ。
チュ [ー] ス

数詞 🔊 08

1. 基数詞

0	null					
1	eins	11	elf	21	einundzwanzig	
2	zwei	12	zwölf	22	zweiundzwanzig	
3	drei	13	dreizehn	30	dreißig	
4	vier	14	vierzehn	40	vierzig	
5	fünf	15	fünfzehn	50	fünfzig	
6	sechs	16	sechzehn	60	sechzig	
7	sieben	17	siebzehn	70	siebzig	
8	acht	18	achtzehn	80	achtzig	
9	neun	19	neunzehn	90	neunzig	
10	zehn	20	zwanzig	100	[ein]hundert	

101	hunderteins	1 000	[ein]tausend
102	hundertzwei	10 000	zehntausend
161	hunderteinundsechzig	100 000	hunderttausend
200	zweihundert	1 000 000	eine Million
365	dreihundertfünfundsechzig	2 000 000	zwei Millionen

西 暦

1999	neunzehnhundertneunundneunzig	2013	zweitausenddreizehn
2000	zweitausend	2020	zweitausendzwanzig
2001	zweitausendeins	2022	zweitausendzweiundzwanzig

年 齢

Wie alt sind Sie?   − Ich bin 19 Jahre alt.
あなたは何歳ですか。   私は19歳です。

値 段

Ich möchte eine Uhr.   Was (Wie viel) kostet die? − Die kostet 250 Euro.
時計が欲しいのですが。   これはおいくらですか。   250ユーロです。

2. 序数詞

1. 〜 19. は基数詞＋t, 20. 以上は基数詞＋st (ただし 1., 3., 7., 8. は例外)

1. **erst**	2. zweit	3. **dritt**	4. viert	5. fünft
6. sechst	7. **siebt**	8. **acht**	9. neunt	10. zehnt
11. elft	12. zwölft	13. dreizehnt	14. vierzehnt	15. fünfzehnt

20. zwanzigst　　21. einundzwanzigst　　22. zweiundzwanzigst

序数には形容詞の語尾がつきます。→ Lektion 9, S. 51

Heute ist der 3. (dritte) Mai.
　　今日は5月3日です。

Meine Schwester ist am 27. (siebenundzwanzigsten) März 2004
(zweitausendvier) geboren.
　　私の姉は2004年3月27日に生まれました。

3. 時刻

8.00	acht [Uhr]	
8.05	fünf nach acht	acht Uhr fünf
8.15	[ein] Viertel nach acht	acht Uhr fünfzehn
8.30	halb neun	acht Uhr dreißig
8.45	[ein] Viertel vor neun	acht Uhr fünfundvierzig
18.30	halb sieben	achtzehn Uhr dreißig

Wie spät ist es jetzt?

Wie viel Uhr ist es jetzt?　　　　− Es ist halb acht.
　　今何時ですか。　　　　　　　　　　7時半です。

Überall in Deutschland finden wir heute Manga-Shops.

ドイツのいたるところで私たちは今日マンガショップを見つけます。

Japan in Deutschland 🔊 09 ▶️

Japaner lieben Europa. Und Europäer finden Japan interessant. Sie lieben Judo, Ikebana, Sushi und jetzt auch Japans Popkultur[1]. Jugendliche[2] lesen Manga und sehen Anime. Überall in Deutschland finden wir heute Manga-Shops: In Berlin, Hamburg, München. Erwachsene[3] denken: Nur Kinder[4] lesen Manga. Aber das stimmt nicht. Claudia (18) sagt: „Manga erzählen Storys, wie Romane[5]. Ich liebe Manga."

1) Japans Popkultur:「日本のポップカルチャー」
2) Jugendliche:「青少年（たち）」 形容詞 jugendlich の名詞化→Lektion 9, S. 53
3) Erwachsene:「大人（たち）」 形容詞 erwachsen の名詞化→Lektion 9, S. 53
4) Kinder:「子供（たち）」 名詞 Kind の複数形→Lektion 2, S. 11
5) wie Romane:「小説のように」 Romane は Roman の複数形

ドイツの中の日本

　柔道、生け花、日本食ばかりでなく、ドイツでも日本のポップカルチャー、とりわけマンガ、アニメに人気があります。小さな町にもマンガ専門店を見かけることがあり、翻訳された日本のマンガが若い人たちに読まれています。他の欧米の国々と比べて、少女マンガに人気があることが、ドイツのマンガ市場の特徴です。日本のマンガのスタイルを模し、マンガを描くドイツ人マンガ家（Germangaka）も誕生しています。

Grammatik 1

規則変化動詞
動詞の位置（語順）

Ich lerne Deutsch.	私はドイツ語を学んでいます。
Lernst du Deutsch?	君はドイツ語を学んでいますか。

§1 規則変化動詞

> 主語が変わると動詞の形が変わります

◆動詞の原形を**不定詞**といいます。不定詞は**語幹**と**語尾**（-en まれに -n）からできています。

不定詞		語幹	語尾
kommen	来る	komm	en
lernen	学ぶ	lern	en

練習問題 1 次の不定詞を語幹と語尾に分けましょう。

不定詞		語幹	語尾	不定詞		語幹	語尾
gehen	行く	----	----	arbeiten	働く	----	----
hören	聞く	----	----	reisen	旅行する	----	----
spielen	遊ぶ、する	----	----	wandern	ハイキングする	----	----

◆動詞の形は、主語が話し手（1人称）、話す相手（2人称）、話題となる人・物（3人称）によって変わります。基本的に語幹は変わらないで、語尾だけが変わります。

lernen 学ぶ　　🔊 10

主語	動詞		
Ich	**lerne**	Deutsch.	私はドイツ語を学んでいます。
Du	**lernst**	Deutsch.	君はドイツ語を学んでいます。

練習問題2 上の表を参考に下線部を埋めましょう。

hören 聞く

主語	動詞		
_____	_____	Musik.	私は音楽を聞きます。
_____	_____	Musik.	君は音楽を聞きます。

★主語になる人称代名詞　◀)) 11

		単数		複数	
1人称		私は	ich	私たちは	wir
2人称	（親称）	君は	du	君たちは	ihr
	（敬称）	あなたは	Sie	あなたたちは	Sie
3人称		彼は	er	彼らは	
		彼女は	sie	彼女らは	sie
		それは	es	それらは	

◆２人称は２つあります。

親称 du, ihr 家族、恋人、友人等、普通は名前で呼び合う間柄の親しい人同士で用いられます。

敬称 Sie その他の一般的な場合に用いられます。頭文字のＳはいつも大文字です。

Lektion 1

★動詞の形をおぼえましょう（基本的な現在人称変化）　◀)) 12

		不定詞　lernen　学ぶ　語幹 lern ＋語尾 en						
		単数			複数			
1人称		私は	ich	-e	lerne	私たちは	wir	-en	lernen
2人称	（親称）	君は	du	-st	lernst	君たちは	ihr	-t	lernt
	（敬称）	あなたは	Sie	-en	lernen	あなたたちは	Sie	-en	lernen
3人称		彼は	er			彼らは			
		彼女は	sie	-t	lernt	彼女らは	sie	-en	lernen
		それは	es			それらは			

◆主語が変わると動詞の形が変わることを**動詞の人称変化**といいます。人称変化した動詞を**定動詞**といいます。　◀)) 13

主語	人称変化した動詞 （定動詞）		
Ich	**lerne**	Deutsch.	私はドイツ語を学んでいます。
Er	**lernt**	Deutsch.	彼はドイツ語を学んでいます。
Wir	**lernen**	Deutsch.	私たちはドイツ語を学んでいます。

練習問題3　次の動詞の現在人称変化を表に書きましょう。

	kommen 来る	gehen 行く	hören 聞く	spielen 遊ぶ、する	wohnen 住む
ich	....	....	....	....	....
du	....	....	....	....	....
Sie	....	....	....	....	....
er, sie, es	....	....	....	....	....
wir	....	....	....	....	....
ihr	....	....	....	....	....
Sie	....	....	....	....	....
sie	....	....	....	....	....

練習問題4　_____ に主語を、_____ に動詞を書きましょう。(　　)内の不定詞を使いましょう。

① _____ _____ hierher.　　君はこちらへ来ます。(kommen)

② _____ _____ hierher.　　彼らはこちらへ来ます。(kommen)

③ _____ _____ nach Hause.　　私は家に帰ります。(gehen)

④ _____ _____ nach Hause.　　私たちは家に帰ります。(gehen)

⑤ _____ _____ oft Beethoven.　　私はよくベートーヴェンを聞きます。(hören)

⑥ _____ _____ oft Bach.　　君たちはよくバッハを聞きます。(hören)

⑦ _____ _____ heute Fußball.　　彼らはきょうサッカーをします。(spielen)

⑧ _____ _____ jetzt Klavier.　　彼女は今ピアノを弾いています。(spielen)

⑨ _____ _____ in Tokyo.　　君は東京に住んでいます。(wohnen)

⑩ _____ _____ in Hamburg.　　彼はハンブルクに住んでいます。(wohnen)

練習問題5　不定詞 lernen を人称変化させ下線部に書きましょう。

① Taro _____ jetzt Deutsch.　　太郎は今ドイツ語を学んでいます。

② Naoko und Saeko _____ Deutsch.　　尚子と冴子はドイツ語を学んでいます。

③ Frau Yamada, Sie _____ Deutsch.　　山田さん、あなたはドイツ語を学んでいます。

④ Naoko, du _____ Deutsch.　　尚子、君はドイツ語を学んでいます。

⑤ Naoko und Saeko, ihr _____ Deutsch.　尚子と冴子、君たちはドイツ語を学んでいます。

§2 動詞の位置（語順）

動詞の位置は決まっています

🔊 14

◆定動詞は文の最初から数えて2番目に置かれます。これを**定動詞第2位**といいます。1番目は主語でなくても文は成り立ちますが、2番目には必ず定動詞が置かれます。

	2番目・定動詞		
Du	**lernst**	heute Deutsch.	君は今日ドイツ語を学びます。
Heute	**lernst**	du Deutsch.	今日君はドイツ語を学びます。
Deutsch	**lernst**	du heute.	ドイツ語を君は今日学びます。
Was	**lernst**	du heute?	何を君は今日学びますか。

◆答えがja「はい」やnein「いいえ」になる疑問文では定動詞が1番目に置かれます。

1番目・定動詞		
Lernst	du heute Deutsch?	君は今日ドイツ語を学びますか。
	— Ja, ich lerne heute Deutsch.	はい、私は今日ドイツ語を学びます。

練習問題6 例にならって主語に ＿＿＿＿、定動詞に ＿＿＿＿ を引きましょう。また、使われている不定詞を(＿＿＿＿)内に書きましょう。

> 例 Morgen fliegt er nach Deutschland.　　(fliegen)

① Wohin gehst du jetzt?　　　　　　　　(　　　　　　)

② Ihr spielt heute Tennis.　　　　　　　(　　　　　　)

③ Wo wohnt Herr Meier?　　　　　　　(　　　　　　)

④ Woher kommt sie?　　　　　　　　　(　　　　　　)

⑤ Heute Abend höre ich Beethoven.　　(　　　　　　)

練習問題7 主語に注意して、ドイツ語の文と日本語の文を線で結びましょう。

① Woher kommt sie?　　　　　ⓐ あなたはどこから来ましたか。

② Woher kommen sie?　　　　ⓑ 彼女はどこから来ましたか。

③ Woher kommen Sie?　　　　ⓒ 彼らはどこから来ましたか。

Übung 1

Ⅰ. 不定詞の意味を調べたあと、現在形にして下線部に入れましょう。

1) trinken ＿＿＿＿＿＿

Was ＿＿＿＿＿＿ du, Anna? － Ich ＿＿＿＿＿＿ Kaffee.

Und was ＿＿＿＿＿＿ du, Franz?

2) schwimmen ＿＿＿＿＿＿

Frau Müller ＿＿＿＿＿＿ sehr gut. Und Maria, du ＿＿＿＿＿＿ auch sehr gut.

3) kommen ＿＿＿＿＿＿

Franz, ＿＿＿＿＿＿ du aus Hamburg? － Nein, ich ＿＿＿＿＿＿ aus Berlin.

4) arbeiten * ＿＿＿＿＿＿

Du ＿＿＿＿＿＿ fleißig. Aber er ＿＿＿＿＿＿ nicht so fleißig.

＊語幹が -d, -t などで終わる動詞は、主語が du, er/sie/es, ihr のとき，発音しやすいように語幹と
語尾の間に e が入ります。
例）antworten: ich antworte du antwortest er antwortet ………

5) reisen * ＿＿＿＿＿＿

＿＿＿＿＿＿ du gern? － Ja, ich ＿＿＿＿＿＿ sehr gern.

＊語幹が -s, -ss, -ß などで終わる動詞は、du で語尾は -t だけとなります。
例）heißen: ich heiße du heißt er heißt ………

Ⅱ. 次の文の間違いを直して、正しい文にしましょう。

1) Er spiele gern Fußball.
彼はサッカーをするのが好きです。　＿＿＿＿＿＿＿＿＿＿＿＿＿＿

2) Was du heute machst?
何を君は今日しますか。　＿＿＿＿＿＿＿＿＿＿＿＿＿＿

3) Morgen Franz spielt Fußball.
明日フランツはサッカーをします。　＿＿＿＿＿＿＿＿＿＿＿＿＿＿

4) Studiert jetzt du Jura?
君は今法律学を専攻しているのですか。　＿＿＿＿＿＿＿＿＿＿＿＿＿＿

Auch Wein ist in Deutschland beliebt.
ワインもドイツでは人気があります。

Bier und Wein in Deutschland

🔊 15 ▶️

Die Deutschen[1] trinken gern Bier: Pilsner Bier, Weizenbier, Kölsch, hell und dunkel. Viele Biere[2] sind außerdem regional. Das Reinheitsgebot von 1516[3] ist streng. Die Zutaten sind nur Hopfen, Malz, Hefe und Wasser.

Auch Wein ist in Deutschland beliebt, besonders Weißwein. Rhein, Main und Mosel sind Anbaugebiete[4]. Anton Weber (38) ist Winzer. Er sagt: „Der Riesling[5] ist international bekannt, und auch der Frankenwein schmeckt sehr gut. Er[6] ist allerdings ein bisschen herb."

ドイツのビールとワイン

1) die Deutschen:「ドイツ人（たち）」Deutschenは形容詞deutschの名詞化→Lektion 9, S. 53
2) viele Biere:「多くのビール」vieleのeは形容詞の語尾→Lektion 9, S. 50
3) das Reinheitsgebot von 1516:「1516年のビール純粋法」1516年: fünfzehnhundertsechzehn
4) Anbaugebiete:「耕作地帯」Anbaugebietの複数形
5) Riesling: 白ワイン用のぶどうの種類
6) er:「それ」 erは男性名詞der Frankenweinを受ける人称代名詞→Lektion 6, S. 33

ドイツのビールとワイン

　　ビールの一人当たりの年間消費量が世界第3位（2011年、2010年では第2位）というほど、ドイツではビールがよく飲まれます。（ちなみに第1位はチェコ共和国、第2位はオーストリア、日本は第52位です） ドイツで消費されるビールのほとんどが地ビールです。ビールの製造には、現在でも、1516年にバイエルン国王が発令した「麦芽、ホップ、水、酵母以外は何も加えてはいけない」という「ビール純粋令」が守られています。また、ドイツでは白ワインにも人気があります。ライン（茶色のボトル）、モーゼル（薄い緑色のボトル）、フランケン（巾着型のボトル）地方のワインが有名です。　統計は2018年のデータです。

Ich bin Student. 　　　私は大学生です。

Der Mann ist auch Student. 　その男性もまた大学生です。

§1 seinとhaben

> 英語の動詞、be と have です

★ seinとhabenの形をおぼえましょう

🔊 16

	sein …である	haben …を持っている
ich	**bin**	habe
du	**bist**	**hast**
Sie	**sind**	haben
er, sie, es	**ist**	**hat**
wir	**sind**	haben
ihr	**seid**	habt
Sie	**sind**	haben
sie	**sind**	haben

Er ist Lehrer. 　　　　　　**Sie ist** auch Lehrerin.

　彼は教師です。　　　　　　　　彼女もまた教師です。

Hast du Hunger? 　　　　— Nein, aber **ich habe** Durst.

　君はお腹がすいていますか。　　いいえ、しかし私はのどが渇いています。

練習問題 1 例にならって、下線部にseinを正しく変化させて入れましょう。

> **例** Was __ist__ er von Beruf? 　— 　Er __ist__ Sänger.
> 　彼の職業は何ですか。　　　　　　彼は歌手です。

① Was _____ er von Beruf? — Er _____ Tennisspieler.

　彼の職業は何ですか。　　　　　　　　彼はテニス選手です。

② Was _____ Sie von Beruf? — Ich _____ Arzt.

　あなたの職業は何ですか。　　　　　　私は医者です。

③ Was _____ Frau Becker von Beruf? — Sie _____ Lehrerin.

　ベッカーさんの職業は何ですか。　　　　　　彼女は教師です。

練習問題2 次の単語の意味を調べ、例にならってドイツ語の文を作りましょう。

alt _____   freundlich _____   groß _____

jung _____   glücklich _____   reich _____

例 君たちはとても若い。　　　　　Ihr seid sehr jung.

① 私は幸せです。　_____

② 君は親切です。　_____

③ ハンス (Hans) は背が高い。　_____

④ 私たちは年をとっている。　_____

⑤ 彼女はとても (sehr) お金持ちです。　_____

練習問題3 次の単語の意味を調べ、例にならってドイツ語の文を作りましょう。

Durst _____   Fieber _____   Geburtstag _____

Geld _____   Magenschmerzen _____   Zeit _____

例 君たちは今のどが渇いていますか。　　　Habt ihr jetzt Durst?

① あなたはお金を持っていますか。　_____

② 私は今日 (heute) 熱があります。　_____

③ 君はお腹が痛いのですか。　_____

④ 彼は明日 (morgen) 誕生日です。　_____

⑤ 彼女は今 (jetzt) 時間があります。　_____

時を表す単語の意味をおぼえましょう。

1. damals _____   2. einmal _____   3. gestern _____   4. heute _____

5. jetzt _____   6. morgen _____   7. übermorgen _____   8. vorgestern _____

　① 明日　　② 明後日　　③ 今　　④ いつか、以前

　⑤ 当時　　⑥ 今日　　⑦ 昨日　　⑧ 一昨日

§2 名詞の性と数

名詞には性と単数・複数があります

🔊 17

◆名詞には、男性、女性、中性という性の区別があります。

男性名詞	女性名詞	中性名詞
der Vater 父	die Mutter 母	das Kind 子供

◆この性の区別は文法上のもので、自然の性とは必ずしも一致しません。

男性名詞	女性名詞	中性名詞
der Tisch 机	die Tür ドア	das Fenster 窓

※辞書には次のように書かれています。

Vater 男　　Vater *m.*　　　Mutter 女　　Mutter *f.*　　　Kind 中　　Kind *n.*

男 または *m.* が男性名詞を、女 または *f.* が女性名詞を、中 または *n.* が中性名詞を表しています。*m. f. n.* は授業中にもよく使われますのでおぼえてしまいましょう。

＊名詞の頭文字は常に大文字です。

練習問題4　次の名詞の性を調べましょう。

① Mann 男性 ＿＿＿＿　② Frau 女性 ＿＿＿＿　③ Hund 犬 ＿＿＿＿

④ Katze 猫 ＿＿＿＿　⑤ Pferd 馬 ＿＿＿＿　⑥ Wagen 車 ＿＿＿＿

⑦ Kamera カメラ ＿＿＿＿　⑧ Haus 家 ＿＿＿＿

◆名詞の前につく定冠詞と不定冠詞も性によって変わります。

🔊 18

	男性名詞	女性名詞	中性名詞
定冠詞	**der** Mann	**die** Frau	**das** Kind
不定冠詞	**ein** Mann	**eine** Frau	**ein** Kind

定冠詞は、すでに知っている名詞の前について「その…」「あの…」という意味を表します。
不定冠詞は、まだ知らない名詞の前について「ある…」「ひとつの…」という意味を表します。

Ein Mann singt dort.
　　一人の男性があそこで歌っています。

Der Mann heißt Peter.
　　その男性はペーターという名前です。

Eine Frau trinkt Kaffee.
　　一人の女性がコーヒーを飲んでいます。

Die Frau kommt aus Deutschland.
　　その女性はドイツから来ました。

練習問題5　　　　　　に冠詞を入れましょう。

① ＿＿＿＿＿ Hund bellt dort.　　　　一匹の犬があそこでほえています。

② ＿＿＿＿＿ Hund ist groß.　　　　　その犬は大きい。

③ ＿＿＿＿＿ Kind spielt Geige.　　　一人の子供がヴァイオリンを弾いています。

④ Wie heißt ＿＿＿＿＿ Kind?　　　　その子供は何という名前ですか。

◆名詞には単数と複数という区別があります。　　　　🔊 19

男性名詞	複数	女性名詞	複数	中性名詞	複数
der Vater	die Väter	die Mutter	die Mütter	das Kind	die Kinder

◆名詞の複数形には5つの形があります。　　　　🔊 20

		単数		複数
同尾式	(··)	der Onkel	おじ	die Onkel
		die Mutter	母	die Mütter
e式	(··)̲e	der Tag	日	die Tage
		die Nacht	夜	die Nächte
er式	··̲er	das Kind	子供	die Kinder
		der Mann	男性	die Männer
en式	—[e]n	die Blume	花	die Blumen
		die Frau	女性	die Frauen
s式	—s	das Hotel	ホテル	die Hotels

※辞書には次のように書かれています。

Vater 男 -s / Väter　　　　Mutter 女 - / Mütter　　　Kind 中 -[e]s / -er
　　　　↓　　　　　　　　　　　　　↓　　　　　　　　　　　↓
　　　　複数　　　　　　　　　　　複数　　　　　　　　　　複数

Die Väter sind freundlich.　　　そのお父さんたちは親切です。
Die Kinder lernen fleißig.　　　その子供たちは熱心に勉強します。

練習問題6　　次の名詞の複数形を調べましょう。

① der Hund ＿＿＿＿＿　　② die Katze ＿＿＿＿＿　　③ das Pferd ＿＿＿＿＿

④ der Wagen ＿＿＿＿＿　　⑤ die Kamera ＿＿＿＿＿　　⑥ das Haus ＿＿＿＿＿

Übung 2

Ⅰ. 下線部にseinまたはhabenを正しい形にして入れましょう。

1) Ich _____ Student und du _____ auch Student.

2) _____ Sie krank? — Nein, ich _____ nur müde.

3) _____ du Hunger? — Ja, ich _____ Hunger und auch Durst.

4) Franz _____ Kopfschmerzen. Er _____ krank.

Ⅱ. 次の名詞の性を調べ、............. には不定冠詞を、_____ には定冠詞を入れましょう。

1) Hund　性 _____

.... Hund bellt hier. _____ Hund ist groß.

2) Katze　性 _____

.... Katze miaut dort. _____ Katze ist klein.

3) Mädchen　性 _____

.... Mädchen sitzt dort. Wie heißt _____ Mädchen?

Ⅲ. 次の文の間違いを見つけ、正しい文にしましょう。

1) Hier das Wetter ist sehr schön.　　ここは天気がとても良い。

_____

2) Ist dort das Wetter auch gut?　　そちらの天気も良いのですか。

_____

3) Das Kind spielen Fußball.　　その子供はサッカーをしています。

_____

4) Ist dort ein Café. Das Café sind gemütlich.

そこにカフェがあります。そのカフェは居心地が良い。

_____

Lektion 3

Berlin ist die Hauptstadt Deutschlands.

ベルリンはドイツの首都です。

Berlin

🔊 21 ▶️

Berlin ist die Hauptstadt Deutschlands. Die Stadt hat 3,5 Millionen Einwohner. Viele Touristen[1] kommen nach Berlin. Sie besichtigen das Brandenburger Tor, den Reichstag oder das Jüdische Museum[2]. Freunde der Musik besuchen die Berliner Philharmonie und Kunstfreunde lieben die Museen der Museumsinsel.

Das Zentrum der Jugendlichen[3] ist Prenzlauer Berg. Der Stadtteil bietet den Besuchern viele Cafés, Kneipen und Boutiquen[4]. Uwe Schneider (22) ist Student. Er sagt: „Hier ist immer etwas los. Ich treffe hier oft Freunde. Die Atmosphäre ist wirklich super!"

Das Brandenburger Tor

1) viele Touristen:「多くの観光客」 viele の e は形容詞の語尾→Lektion 9, S. 50
2) das Jüdische Museum:「ユダヤ博物館」
3) der Jugendlichen:「青少年（たち）」die Jugendlichen の2格 → Lektion 9, S. 53
4) viele Cafés, Kneipen und Boutiquen:「多くの喫茶店、飲み屋とブティック」 viele の e は形容詞の語尾
  →Lektion 9, S. 50

Lektion 3

ベルリン

　人口350万人を擁する首都ベルリンはドイツ最大の都市です。ベルリンは首都機能を備えるとともに、観光都市ともなっています。ブランデンブルク門、国会議事堂、ユダヤ博物館、ベルリン・フィルハーモニー、博物館島などを訪れる観光客は歴史に思いを巡らし、芸術を堪能することができます。また、多くのカフェやブティックの並ぶプレンツラウアーベルク地域は、若い人たちの心も魅了しています。

Grammatik 3 冠詞と名詞の格変化

Der Student schickt **der Freundin** eine E-Mail.
その大学生はガールフレンドにEメールを送ります。

§1 名詞の格

> 名詞には格があります

◆格は文中での名詞の役割を表します。1格から4格まであります。
1格、2格、3格、4格はそれぞれ日本語の「…が、…は」「…の」「…に」「…を」にあたります。だだし、2格、3格、4格はこの意味にあてはまらないこともあります。

★格の用法に注意しましょう　🔊 22

◆格によって冠詞の形が変わります。

1格 **Der Mann** spielt gern Klavier.
その**男性**はピアノを弾くのが好きです。

Der Mann は 1格 で、この文の主語です。「その男性は」という意味です。

2格 Der Bruder **des Mannes** spielt auch gern Klavier.
その**男性**の兄(弟)もピアノを弾くのが好きです。

des Mannes は 2格 で、前にある名詞der Bruderにかかります。「その男性の」という意味です。

3格 Ich schreibe **dem Mann** eine E-Mail.
私は**その男性**にEメールを書きます。

dem Mann は3格で、動詞schreiben (3格 に 4格 を書く) の目的語 (間接目的語) です。「その男性に」という意味です。

4格 Ich kenne **den Mann** sehr gut.
私は**その男性**をよく知っています。

den Mann は4格で、動詞kennen (4格 を知っている)の目的語 (直接目的語) です。「その男性を」という意味です。

◆このように、定冠詞のついた男性名詞Mannは文の中での役割にしたがって、der Mann, des Mannes, dem Mann, den Mannと変化します。

§2 冠詞と名詞の格変化

格は名詞の前につく
冠詞によって示されます

🔊 23

★定冠詞と名詞の変化をおぼえましょう（定冠詞と名詞の格変化）

	男性名詞 その父親		女性名詞 その母親		中性名詞 その子供		複数 その子供たち	
1格	**der**	Vater	**die**	Mutter	**das**	Kind	**die**	Kinder
2格	**des**	Vaters	**der**	Mutter	**des**	Kindes	**der**	Kinder
3格	**dem**	Vater	**der**	Mutter	**dem**	Kind	**den**	Kindern
4格	**den**	Vater	**die**	Mutter	**das**	Kind	**die**	Kinder

◆男性名詞の大部分と中性名詞の2格には -s か -es がつきます。

※辞書には次のように書かれています。

Vater 男 -s / Väter　　　　Mutter 女 - / Mütter　　　　Kind 中 -[e]s / -er
　　　　↓　　　↓　　　　　　　　　↓　　　↓　　　　　　　　↓　　　↓
　　単数2格 複数1(2·4)格　　　単数2格 複数1(2·4)格　　　単数2格 複数1(2·4)格

◆複数名詞の3格には -n がつきます。

★不定冠詞と名詞の変化をおぼえましょう（不定冠詞と名詞の格変化）

	男性名詞 ある父親		女性名詞 ある母親		中性名詞 ある子供	
1格	**ein**△	Vater	**eine**	Mutter	**ein**△	Kind
2格	**eines**	Vaters	**einer**	Mutter	**eines**	Kindes
3格	**einem**	Vater	**einer**	Mutter	**einem**	Kind
4格	**einen**	Vater	**eine**	Mutter	**ein**△	Kind

◆不定冠詞は複数名詞にはつきません。

練習問題1　次の1格の名詞の2格、3格、4格を書きましょう。

	男性名詞 その男性	女性名詞 その女性	中性名詞 その少女	複数 その男性たち
1格	der Mann	die Frau	das Mädchen	die Männer
2格				
3格				
4格				

練習問題2　次の1格の名詞の2格、3格、4格を書きましょう。

	男性名詞 ある男性	女性名詞 ある女性	中性名詞 ある少女
1格	ein Mann	eine Frau	ein Mädchen
2格	--------------------	--------------------	--------------------
3格	--------------------	--------------------	--------------------
4格	--------------------	--------------------	--------------------

★格の用法をおぼえましょう

❶1格

◆1格は主語になります。「…が、…は」という意味です。

女性名詞
Eine Frau steht dort.　　　一人の女性があそこに立っています。
└─1格─┘

女性名詞
Wie heißt **die** Frau?　　　その女性は何という名前ですか。
　　　　　└─1格─┘

練習問題3　下線部に正しい冠詞を書きましょう。

① Wo wohnt _____ Mädchen?　　どこにその少女は住んでいますか。

② Wo wohnen _____ Frauen?　　どこにその女性たちは住んでいますか。

❷2格

◆2格は前にある名詞にかかり、「…の」という意味です。

男性名詞
Die Frau **des** Mannes ist Lehrerin.　　その男性の妻は教師です。
　　　　　└──2格──┘

女性名詞
Der Mann **der** Frau ist auch Lehrer.　　その女性の夫もまた教師です。
　　　　　└──2格──┘

中性名詞
Das Kind **des** Ehepaars lernt immer fleißig.　その夫婦の子供はいつもまじめに勉強しています。
　　　　　└──2格──┘

練習問題4　下線部に正しい冠詞を書きましょう。

① Die Mutter _____ Kindes ist Schauspielerin.　その子供の母親は俳優です。

② Der Vater _____ Kinder ist Schauspieler.　その子供たちの父親は俳優です。

③ Sie lobt das Kind _____ Mutter.　彼女はその母親の子供をほめます。

④ Kennen Sie die Kinder _____ Vaters?　あなたはその父親の子供たちを知っていますか。

❸3格

🔊 26

◆3格は動詞の間接目的語になり、「…に」という意味です。

動詞　schenken（ 3格 に 4格 をプレゼントする）

中性名詞
Ich schenke **dem** Kind das Buch.　　　　　私はその子供にその本をプレゼントします。
└──3格──┘

動詞　danken（ 3格 に感謝する）

複数
Sie dankt **den** Kindern.　　　　　　　　　彼女はその子供たちに感謝しています。
└──3格──┘

練習問題5　下線部に正しい冠詞を書きましょう。

① Sie schenkt _____ Mann die Uhr.　　　　彼女はある男性にその時計をプレゼントします。

② Schenken Sie _____ Frau ein Buch?　　あなたはその女性に一冊の本をプレゼントするのですか。

③ Was schenkt er _____ Studentin?　　　何を彼はその女子学生にプレゼントするのですか。

❹4格

🔊 27

◆4格は動詞の直接目的語になり、「…を」という意味です。

動詞　loben（ 4格 をほめる）

男性名詞
Ich lobe **den** Mann.　　　　　　　　　　　私はその男性をほめます。
└──4格──┘

複数
Der Lehrer lobt **die** Kinder.　　　　　　その先生はその子供たちをほめます。
└──4格──┘

練習問題6　下線部に正しい冠詞を書きましょう。

① Sie lobt _____ Mann.　　　　　　　　　彼女はその男性をほめます。

② Sie lobt _____ Männer.　　　　　　　　彼女はその男性たちをほめます。

③ Der Lehrer lobt _____ Schüler.　　　その先生はある生徒をほめます。

※動詞には**他動詞**と**自動詞**があります。

他動詞は loben, schenken のように、必ず4格の目的語をとります。

4格の目的語をとらない動詞が自動詞です。danken のように、3格の目的語しかとらない動詞は自動詞です。

自動詞なのか他動詞なのか、何格の目的語をとるかは辞書を引いて調べましょう。

Übung 3

Ⅰ. 次の動詞が何格と使われるかを調べて ＿＿＿＿ に書きましょう。その後で、下線部に冠詞の語尾を書きましょう。何も入らない場合は△を入れましょう。

1) bringen ＿＿＿＿格に ＿＿＿＿格を持っていく

　　Der Sohn bringt d＿＿＿ Mutter ein＿＿＿ Zeitschrift.

2) schreiben ＿＿＿＿格に ＿＿＿＿格を書く

　　Sie schreibt d＿＿＿ Tante ein＿＿＿ Brief.

3) kennen ＿＿＿＿格を知っている haben ＿＿＿＿格を持っている

　　Ich kenne d＿＿＿ Straße nicht. Hast du ein＿＿＿ Stadtplan?

4) fragen ＿＿＿＿格に尋ねる antworten ＿＿＿＿格に答える

　　Der Lehrer fragt ein＿＿＿ Schüler. Der Schüler antwortet d＿＿＿ Lehrer.

5) erzählen ＿＿＿＿格に ＿＿＿＿格を物語る

　　Der Vater erzählt d＿＿＿ Kindern ein＿＿＿ Märchen.

6) besuchen ＿＿＿＿格を訪問する

　　Besuchen Sie ein＿＿＿ Freund? － Nein, ich besuche ein＿＿＿ Freundin.

7) gehören gehören ＿＿＿＿格の所有物である

　　Die Handtasche gehört d＿＿＿ Frau. Das Motorrad gehört d＿＿＿ Mann.

8) zeigen zeigen ＿＿＿＿格に ＿＿＿＿格を見せる

　　Das Mädchen zeigt ein＿＿＿ Freundin ein＿＿＿ Foto.

Ⅱ. 次の文の間違いを見つけ、正しい文にしましょう。

1) Der Wagen ist des Mannes neu.
　　　その男性の車は新しい。

　　＿＿＿＿＿＿＿＿＿＿＿＿＿＿＿＿＿＿＿＿＿＿＿＿＿＿＿＿＿＿＿＿＿＿

2) Er liebt eines Arztes die Tochter.
　　　彼はある医者の娘さんを愛しています。

　　＿＿＿＿＿＿＿＿＿＿＿＿＿＿＿＿＿＿＿＿＿＿＿＿＿＿＿＿＿＿＿＿＿＿

3) Das ist des Freundes das Handy.
　　　これは友人の携帯電話です。

　　＿＿＿＿＿＿＿＿＿＿＿＿＿＿＿＿＿＿＿＿＿＿＿＿＿＿＿＿＿＿＿＿＿＿

Die Kultur in Europa ist sehr vielfältig.

ヨーロッパの文化はとても多様です。

Europa und die EU

🔊 28 ▶️

27 Länder in Europa sind heute Mitglied der EU – auch Deutschland. Viele EU-Länder[1] haben den Euro als Währung. Deutschland liegt in Mitteleuropa. Es hat neun Nachbarländer, z. B.[2] Dänemark, Polen, Österreich oder Frankreich. (Aufgabe: Suchen Sie die anderen fünf Länder[3]!) Peter Hamm (28) ist Lehrer in Köln. Er fährt oft nach Frankreich. Er spricht gut Französisch. Er sagt: „Ich bin Deutscher, aber ich bin auch Europäer. Die Kultur in Europa ist sehr vielfältig. Natürlich hat die EU auch Probleme, momentan z. B. die Euro-Krise. Nicht alle Länder[4] sind wirtschaftlich gleich stark. Aber ein Land hilft dem anderen Land[5]. Ich persönlich finde das gut!"

1) viele EU-Länder:「多くのEUの国」 viele の e は形容詞の語尾→Lektion 9, S. 50
2) z.B. : zum Beispiel「例えば」
3) die anderen fünf Länder :「他の五つの国」die anderen fünf Länder の 4 格
   anderen の en は形容詞の語尾→Lektion 9, S. 51
4) alle Länder:「すべての国」alle は定冠詞類→Lektion 5, S. 26
5) dem anderen Land:「他の国」das andere Land の 3 格　　anderen の en は形容詞の語尾→Lektion 9, S.51

ヨーロッパとEU

　ドイツは、ＥＵに発足当初から加盟し、1999年に欧州共通通貨ユーロを導入しています。2021年8月現在、ＥＵ加盟国は27カ国、ユーロ導入国は19カ国になっています。EUは、日本の人口の約4倍の人口を有する政治・経済統合体ですが、ドイツはそのEUの中心的役割を果たしています。しかし、報道等で目にするように、加盟国の中には金融危機に直面している国もあります。ドイツやフランスが高い国債を買う、また欧州中央銀行が経済支援を行っています。支援する国からも、支援される国からも、それぞれの立場から不満の声が上がっているのも事実です。

不規則変化動詞
命令形

Der Zug **fährt** nach Frankfurt.　この列車はフランクフルトへ行きます。
Geh mal schnell!　さあ、はやく行きなさい。

§1 不規則変化動詞

> 語幹が変わる動詞があります

◆親称の２人称単数 du と３人称単数 er, sie, es が主語のときに、語幹の中の母音が変わる動詞があります。

★語幹が変わる動詞の３つの形をおぼえましょう

🔊 29

	① a → ä fahren　(乗り物で)行く	② e → i sprechen　話す	③ e → ie sehen　見る
ich	fahre	spreche	sehe
du	**fährst**	**sprichst**	**siehst**
Sie	fahren	sprechen	sehen
er, sie, es	**fährt**	**spricht**	**sieht**
wir	fahren	sprechen	sehen
ihr	fahrt	sprecht	seht
Sie	fahren	sprechen	sehen
sie	fahren	sprechen	sehen

Er **fährt** nach Stuttgart.　　　　彼はシュトゥットガルトに行きます。
Sie **spricht** gut Deutsch.　　　　彼女は上手にドイツ語を話します。
Siehst du die Kirche dort?　　　君はあそこの教会が見えますか。

◆語幹が変わる動詞には次のようなものがあります。
① fallen　落ちる　　schlafen　眠る　　tragen　運ぶ　*usw.* (<u>u</u>nd <u>s</u>o <u>w</u>eiter「など、等々」)
② essen　食べる　　geben　　与える　　helfen　手を貸す　*usw.*
③ lesen　読む　　　stehlen　盗む　　　*usw.*

※辞書の巻末にある不規則動詞変化表の中では、次のように書かれています。

不定詞	直説法現在	不定詞	直説法現在	不定詞	直説法現在
fahren	du　fährst er　fährt	sprechen	du　sprichst er　spricht	sehen	du　siehst er　sieht

練習問題 1 次の動詞の現在人称変化を表に書きましょう。

	schlafen 眠る	tragen 運ぶ	essen 食べる	helfen 手を貸す	lesen 読む
ich	------------	------------	------------	------------	------------
du	------------	------------	------------	------------	------------
Sie	------------	------------	------------	------------	------------
er, sie, es	------------	------------	------------	------------	------------
wir	------------	------------	------------	------------	------------
ihr	------------	------------	------------	------------	------------
Sie	------------	------------	------------	------------	------------
sie	------------	------------	------------	------------	------------

練習問題 2 下線部に上の表にある動詞を正しく変化させて入れましょう。

① Die Frau _____ einen Koffer.　　　　　その女性はトランクを運んでいます。

② Das Kind _____ tief.　　　　　　　その子供はぐっすり眠っています。

③ Die Tochter _____ immer der Mutter.　　その娘はいつも母親を手伝います。

④ _____ du gern Romane?　　　　　　　君は小説を読むのが好きですか。

⑤ In Deutschland _____ man* gern Wurst und Schinken.

　　　　　　　　　　　　　ドイツでは人々は好んでソーセージとハムを食べます。

＊man は、「人は、人々は」を意味する 3 人称単数の主語です。

動詞 lesen (読む) の目的語になる、次の単語の意味をおぼえましょう。

1. der Artikel _____　　2. das Buch _____　　3. der Krimi _____

4. die Novelle _____　　5. der Roman _____　　6. die Zeitung _____

7. die Zeitschrift _____

① 短編小説　　② 長編小説　　③ 推理小説　　④ 新聞

⑤ 雑誌　　⑥ 本　　⑦ 記事

Lektion 4

★変則的に変わる動詞もあります。

	halten つかんでいる、止まる	nehmen 取る	wissen 知っている	werden …になる
ich	halte	nehme	**weiß**	werde
du	**hältst**	**nimmst**	**weißt**	**wirst**
Sie	halten	nehmen	wissen	werden
er, sie, es	**hält**	**nimmt**	**weiß**	**wird**
wir	halten	nehmen	wissen	werden
ihr	haltet	nehmt	wisst	werdet
Sie	halten	nehmen	wissen	werden
sie	halten	nehmen	wissen	werden

Der Zug **hält** in Stuttgart.   その列車はシュトゥットガルトに止まります。
Nimmst du den Zug?   君はその列車に乗りますか。
Ich **weiß** es nicht.   私はそれを知りません。
Sie **wird** bald Mutter.   彼女はまもなく母親になります。

練習問題3 下線部に( )の動詞を正しい形にして入れましょう。

① Du _____ den Bus und Peter _____ die U-Bahn. (nehmen)

② _____ der Schnellzug in Heidelberg? (halten)

③ Franz _____ später Lehrer. (werden)

④ Ich _____ die Adresse des Lehrers. (wissen)

＊der Student (その大学生) の格変化

🔊 31

	単数		複数	
1格	der	Student	die	Studen**ten**
2格	des	Studen**ten**	der	Studen**ten**
3格	dem	Studen**ten**	den	Studen**ten**
4格	den	Studen**ten**	die	Studen**ten**

◆このような変化をする名詞を**男性弱変化名詞**といい、Junge 少年, Kollege 同僚, Mensch 人間, Herr 紳士 などがあります。辞書には次のように書かれています。

    Student 男 -en / -en   Junge 男 -n / -n   Mensch 男 -en / -en   Herr 男 -n / -en

§2 命令形

命令形は3種類あります

◆「～しなさい」「～してください」という命令は、直接話している人に対してだけ使われます。そのため命令の形は、親称の2人称単数duと複数ihrに対してと、敬称の2人称Sieに対しての3種類があります。

★命令の3種類をおぼえましょう

🔊 32

命令の相手	命令の形	kommen 来る	warten 待つ	sprechen 話す
du	―[e] !	komm[e]!	warte!	sprich!
ihr	―t !	kommt!	wartet!	sprecht!
Sie	不定詞＋Sie!	kommen Sie!	warten Sie!	sprechen Sie!

命令の相手	du	**Komm** doch endlich!	いいかげん、来いよ。
		Sprich * laut!	大きな声で話しなさい。
命令の相手	ihr	**Wartet** mal hier!	ちょっとここで待てよ。
		Sprecht laut, Kinder!	大きな声で話しなさい、子供たちよ。
命令の相手	Sie	**Warten Sie** bitte hier!	どうかここでお待ちください。
		Sprechen Sie bitte laut!	どうか大きな声で話してください。

＊現在人称変化で語幹の母音がe→i, e→ieに変わる動詞（S. 20 ②③）はduに対する命令でも母音が e→i, e→ieに変わり、語尾のeはつきません。

◆sein とwerdenの命令は例外です。

命令の相手	sein …である	werden …になる
du	sei!	werde!
ihr	seid!	werdet!
Sie	seien Sie!	werden Sie!

練習問題4　下線部に命令の形を入れましょう。

命令の相手	lernen 学ぶ	trinken 飲む	arbeiten 働く	helfen 手を貸す
du				
ihr				
Sie				

Übung 4

Ⅰ. 不定詞句の意味を調べたあと、動詞を正しい形にして下線部に入れましょう。

1) die Tabletten nehmen _____

_____ du die Tabletten? — Ja, ich _____ morgens die Tabletten.

2) den Freund treffen _____

_____ Maria heute den Freund? — Nein, morgen _____ sie den Freund.

3) einen Krimi lesen _____

_____ du einen Krimi? — Ja, ich _____ einen Krimi.

4) 人³ die Uhr geben _____

Wem _____ Franz die Uhr? — Er _____ dem Mädchen die Uhr.

5) Fisch essen _____

Anna _____ gern Fisch, aber Franz _____ nicht gern Fisch, sondern gern Fleisch.

6) nach Bonn fahren _____ nach München fahren _____

_____ Hans morgen nach Bonn? — Nein, er _____ nach München.

7) einen Bart tragen _____

_____ Otto einen Bart? — Ja, er _____ einen Bart.

8) deutlich sprechen _____ laut sprechen _____

Die Lehrerin _____ deutlich und der Lehrer _____ laut.

Ⅱ. 次の文の間違いを見つけ、正しい文にしましょう。

1) Hans und Anna, seien Sie ruhig!
ハンスとアナ、 静かにしなさい。

_____

2) Hans, nehme Platz!
ハンス、席に着け。

_____

3) Frau Walter, sprich bitte noch langsam!
ヴァルターさん、どうかもっとゆっくりお話しください。

_____

Lektion 5

Manche Studenten machen auch ein Praktikum.

幾人かの学生たちはインターンシップも行います。

Studentenjobs

🔊 33 ▶️

Nicht nur[1] in Japan, sondern auch in Deutschland jobben die Studenten. Beliebt sind vor allem[2] Ferienjobs, denn im Semester sind viele Studierende[3] beschäftigt und haben keine Zeit. Manche Studenten machen auch ein Praktikum. Rolf Krüger (21) studiert Maschinenbau. Er berichtet: „Ich bin zurzeit Praktikant bei Siemens[4]. Dort lerne ich sehr viel, und ich bekomme sogar etwas Geld." Seine Schwester Anna jobbt zweimal pro Woche[5] als Bedienung. Dieser Job ist zwar[6] hart, aber sie verdient nicht schlecht: 8 Euro pro Stunde. Außerdem bekommt sie Trinkgeld. Das spart sie. In den Sommerferien[7] macht sie nämlich eine Reise: nach Irland.

1) nicht nur ～, sondern auch … : ～だけではなく、…もまた
2) vor allem:「とりわけ」
3) viele Studierende :「多くの大学生」viele の e は形容詞の語尾→Lektion 9, S. 50
   Studierende は現在分詞の名詞化→Lektion 13, S. 76
4) bei Siemens:「ジーメンスで」Siemens はドイツ最大の電機メーカー
   bei は前置詞「～のところで」→Lektion 6, S. 33
5) zweimal pro Woche:「週に２回」
6) zwar ～, aber…: なるほど～ではあるが、しかし…
7) in den Sommerferien:「夏休みに」in は前置詞→Lektion 6, S. 33 ～ 34

ドイツの若者のアルバイト

　ドイツの学生は、長期の休暇を利用してアルバイトをします。学期の間は勉学に忙しく、アルバイトをする時間がありません。アルバイト求人誌がないので友人、知り合いからの紹介、僅かながら大学に貼り出される求人案内によってアルバイト先を探します。アルバイト先は、飲食業が多く、時給以外にチップも入ります。また、ドイツの学生にとって大切な専門分野で経験を積む実習「プラクティクム」(インターンシップ)の期間は、幾らかの手当をもらっています。

Mein Bruder kauft **diesen** Wagen.　私の兄はこの車を買います。

§1 定冠詞類　｜定冠詞とよく似た変化をするもの｜

| dieser | この | solcher | そのような | jeder | 各々の（単数のみ） | 🔊 34 |
| aller | すべての | mancher | いくつかの | welcher | どの | |

◆dieser, solcher などの -er が、定冠詞と同じように後に続く名詞の性・数・格によって変化します。

★定冠詞類と名詞の変化をおぼえましょう　🔊 35

	男性名詞 この父親		女性名詞 この母親		中性名詞 この子供		複数 この子供たち	
1格	dieser	Vater	diese	Mutter	dieses	Kind	diese	Kinder
2格	dieses	Vaters	dieser	Mutter	dieses	Kindes	dieser	Kinder
3格	diesem	Vater	dieser	Mutter	diesem	Kind	diesen	Kindern
4格	diesen	Vater	diese	Mutter	dieses	Kind	diese	Kinder

男性名詞
Ich kaufe **diesen Wagen**.　　　　　　　　　　私はこの自動車を買います。
└─4格─┘

女性名詞　　　　　　　　　　　中性名詞
Welche Frau ist die Mutter **dieses Kindes**?　どの女性がこの子供のお母さんですか。
└──1格──┘　　　　　　　└──2格──┘

練習問題1　次の1格の名詞の2格、3格、4格を書きましょう。

	男性名詞 この男性	女性名詞 どの女性	中性名詞 各々の少女	複数 すべての男性たち
1格	dieser Mann	welche Frau	jedes Mädchen	alle Männer
2格				
3格				
4格				

練習問題2 下線部に正しい語尾を入れましょう。

① Dies____ Frau ist sehr freundlich. Franz, liebst du dies____ Frau?

② Welcher Herr ist der Mann dies____ Frau?

③ Ich danke all____ Männern hier.

④ Welch____ Frau schenkst du den Ring?

⑤ Die Tochter dies____ Herrn ist Opernsängerin.

§2 不定冠詞類

> 不定冠詞とそっくりな変化をするもの

🔊 36

mein	私の	dein	君の	sein	彼の	ihr	彼女の	sein	それの
unser	私たちの	euer	君たちの	ihr	彼(女)らの、それらの			Ihr	あなた(たち)の
kein	ひとつも…ない								

◆mein, dein などが、不定冠詞と同じように後に続く名詞の性・数・格によって変化します。

★不定冠詞類と名詞の変化をおぼえましょう

🔊 37

	男性名詞 私の父親	女性名詞 私の母親	中性名詞 私の子供	複数 私の子供たち
1格	mein△ Vater	meine Mutter	mein△ Kind	meine Kinder
2格	meines Vaters	meiner Mutter	meines Kindes	meiner Kinder
3格	meinem Vater	meiner Mutter	meinem Kind	meinen Kindern
4格	meinen Vater	meine Mutter	mein△ Kind	meine Kinder

女性名詞   男性名詞
Meine Tochter liebt **ihren** Sohn.   私の娘は彼女の息子を愛しています。
└──1格──┘   └──4格──┘

男性名詞
Wo wohnt **Ihr** Sohn jetzt?   あなたの息子さんは今どちらにお住まいですか。
└──1格──┘

女性名詞
Wir haben heute **keine** Zeit.   私たちは今日暇がありません。
└──4格──┘

練習問題3 次の１格の名詞の２格、３格、４格を書きましょう。

	男性名詞 彼女の夫	女性名詞 彼の妻	中性名詞 彼らの子供	複数 君の子供たち
1格	ihr Mann	seine Frau	ihr Kind	deine Kinder
2格	--------------------	--------------------	--------------------	--------------------
3格	--------------------	--------------------	--------------------	--------------------
4格				

練習問題4 下線部に正しい語尾を書きましょう。何も入らない場合は、△を入れましょう。

① Was ist sein____ Frau von Beruf?

② Wissen Sie die E-Mail-Adresse sein____ Frau?

③ Wir danken ihr(彼女の)____ Mann herzlich.

④ Manch____ Leute loben sein____ Kind.

⑤ Wo wohnen dein____ Kinder jetzt?

§3 指示代名詞 (強く指示する代名詞) 🔊 38

	男性	女性	中性	複数
1格	der	die	das	die
2格	dessen	deren	dessen	deren
3格	dem	der	dem	denen
4格	den	die	das	die

◆指示代名詞の性と数は、指示する名詞の性と数と同じです。
◆格は文中での役割によって決まります。

　　　　　　　　　　　女性名詞　　┌女性┐
Der Mann hat eine Tochter. 　**Die**　ist sehr hübsch.
　　　　　　　　　　　　　　　　　└1格┘

　　その男性には娘が一人います。　　彼女はとてもかわいらしい。

　　　　　　　　　　男性名詞　　　　　　┌男性┐
Kennst du den Studenten dort? — Ja, 　**den**　kenne ich gut.
　　　　　　　　　　　　　　　　　　　　└4格┘

　　君はあそこにいる学生を知っていますか。　はい、彼ならよく知っています。

練習問題5　下線部に正しい指示代名詞を入れましょう。

① Kennen Sie den Mann dort? － Nein, _____ kenne ich nicht.

② Dieser Pullover ist teuer. Aber _____ gefällt mir gut. _____ kaufe ich.

③ Dort spielen Kinder. _____ sind sehr munter.

§4 疑問代名詞（「誰」「何」を表すもの） 🔊 39

	人	事物
1格	wer	was
2格	wessen	—
3格	wem	—
4格	wen	was

◆これらを疑問代名詞といいます。

Wer ist die Frau dort?　　　あそこにいる女性は誰ですか。
Wessen Regenschirm ist das?　これは誰の雨傘ですか。
Wem schenkst du diesen Ring?　君は誰にこの指輪をプレゼントするのですか。
Wen liebt er denn?　　　彼は一体誰を愛しているのですか。
Was ist das?　　　これは何ですか。
Was essen Sie?　　あなたは何を食べますか。

練習問題6　下線部に正しい疑問代名詞を入れましょう。

① _____ ist das Mädchen dort? － Das ist Inge, meine Kusine.

② _____ ist dein Vater von Beruf? － Mein Vater ist Zahnarzt.

③ _____ Tasche ist das? － Das ist die Tasche meines Bruders.

④ _____ besuchst du? － Ich besuche meine Tante.

⑤ _____ gehört dieses Auto? － Das gehört unserem Professor.

⑥ _____ macht ihr heute? － Wir machen Kartenspiel.

Ⅰ. 動詞の目的語が何格になるのか調べて ＿＿＿＿＿ に書きましょう。その後で、下線部に語尾を書きましょう。何も入らない場合は△を入れましょう。

1) zeigen ＿＿＿＿＿ 格に ＿＿＿＿＿ 格を見せる

   Die Mutter zeigt ihr＿＿＿ Kindern dies＿＿＿ Foto.

   Der Vater zeigt sein＿＿＿ Sohn dies＿＿＿ Foto.

2) lieben ＿＿＿＿＿ 格を愛する

   Er liebt sein＿＿＿ Eltern.

   Die Eltern lieben ihr＿＿＿ Tochter und ihr＿＿＿ Sohn.

3) haben ＿＿＿＿＿ 格を持っている

   Haben Sie morgen kein＿＿＿ Zeit? － Nein, ich habe kein＿＿＿ Zeit.

4) schenken ＿＿＿＿＿ 格に ＿＿＿＿＿ 格を贈る

   Schenkst du dein＿＿＿ Freundin dies＿＿＿ Ring? － Ja, den schenke ich ihr.

5) gefallen ＿＿＿＿＿ 格の気に入る

   Die Handtasche gefällt mein＿＿＿ Tochter.

   Das Auto gefällt mein＿＿＿ Sohn.

6) helfen ＿＿＿＿＿ 格に手を貸す

   Ich helfe mein＿＿＿ Schwester.

Ⅱ. 下線部に語尾を書きましょう。何も入らない場合は△を入れましょう。

1) Hier ist ein＿＿＿ Buch. Ist das dein＿＿＿ Buch? － Nein, das ist nicht mein＿＿＿ Buch.

2) Die Kirche unser＿＿＿ Stadt ist sehr schön und sehr berühmt.

3) Trinken Sie kein＿＿＿ Alkohol? － Doch, wir trinken gern Alkohol.

4) Das ist nicht mein＿＿＿ Jacke, sondern sein＿＿＿ Jacke.

Ⅲ. 次の文の間違いを見つけ、正しい文にしましょう。

1) Welcher Tag haben wir heute? ＿＿＿＿＿＿＿＿＿＿＿＿＿＿＿＿＿＿＿＿
   今日は何曜日ですか。

2) Wessen gehört diese CD? ＿＿＿＿＿＿＿＿＿＿＿＿＿＿＿＿＿＿＿＿＿＿＿
   このＣＤは誰のものですか。

3) Angela hilft ihre Mutter. ＿＿＿＿＿＿＿＿＿＿＿＿＿＿＿＿＿＿＿＿＿＿＿
   アンゲラは彼女の母に手を貸します。

Lektion 6

Am Morgen gehen die Leute vor der Arbeit zur Bäckerei.

朝、人々は仕事の前にパン屋へ行きます。

Die Deutschen und das Brot

🔊 40 ▶️

Brot ist in Deutschland ein Grundnahrungsmittel. Anders als[1] die Franzosen oder Engländer essen die Deutschen gerne Roggenbrot. Das ist dunkel, schwer und schmeckt würzig. Am Morgen gehen die Leute vor der Arbeit zur Bäckerei und kaufen Brötchen für das Frühstück — direkt aus dem Ofen. Die Bäckereien öffnen bereits um sechs Uhr. Fast zu jedem Essen gibt es[2] Brot, auch am Mittag. Im Sommer essen viele Familien[3] abends kalt: einen Salat, Wurst, Schinken und Käse, und dazu natürlich Brot. Heinz Aumann (40), Ingenieur, sagt: „Für mich ist Brot sehr wichtig. Ich kaufe Brot immer beim Bäcker. Brot aus dem Supermarkt schmeckt mir nicht."

1) anders als ~ :「～とは異なって(違って)」
2) es gibt 4格:「4格がある」→Lektion 8, S. 47
3) viele Familien :「多くの家庭」vieleのeは形容詞の語尾→Lektion 9, S. 50

Lektion 6

ドイツのパン屋

ドイツ人の主食はパンです。パンの種類は豊富です。フランスやイギリスと違って、ドイツではライ麦パンが好んで食べられます。ライ麦パンは色が黒く、歯ごたえがあり、酸味があります。昔ながらのパン職人は、朝3時から工房で作業を始め、6時にはパンを店頭に並べます。ですから仕事に行く前にパン屋に行って、焼きたてのパンを朝食用に買うことができるのです。最近では、工場から運ばれたパン生地をオーブンに入れるだけのチェーン店のパン屋も増えてきました。

Grammatik 6

人称代名詞の格変化
前置詞の格支配

Mein Bruder wartet vor dem Kino auf mich.

私の兄は映画館の前で私を待っています。

§1 **人称代名詞**

> ich, du, er なども変化します

★ich, du, er などの3格と4格をおぼえましょう

🔊 41

		1人称	2人称 （親称）	2人称 （敬称）	3人称 男性	3人称 女性	3人称 中性
単数	1格	ich	du	Sie	er	sie	es
	3格	mir	dir	Ihnen	ihm	ihr	ihm
	4格	mich	dich	Sie	ihn	sie	es
複数	1格	wir	ihr	Sie		sie	
	3格	uns	euch	Ihnen		ihnen	
	4格	uns	euch	Sie		sie	

Du liebst **ihn** und er liebt auch **dich**.
　　　　4格　　　　　　　　　　4格

君は彼を愛しています、そして彼も君を愛しています。

Ich schenke **Ihnen** diese DVD.
　　　　　　3格

私はあなたにこのDVDをプレゼントします。

練習問題1　下線部に正しい人称代名詞を入れましょう。

（動詞の目的語が何格なのかは Lektion 3, 4, 5 で調べてあります）

① Er liebt _____ und sie liebt auch _____.

彼は彼女を愛しています、そして彼女も彼を愛しています。

② Schenkst du _____ diese CD?　君は私にこのCDをプレゼントしてくれるのですか。

③ Der Polizist zeigt _____ den Weg.　その警官は私たちに道を教えてくれます。

④ Dieses Auto gehört _____.　この自動車は彼女のものです。

⑤ Ich bringe _____ eine Zeitung.　私は彼に新聞を持っていきます。

⑥ Ich helfe _____ gern.　私はあなたに喜んで手を貸します。

◆3人称単数のer, sie, esはそれぞれ男性名詞、女性名詞、中性名詞を受けます。　🔊 42

したがって、場合によってはerやsieを「それ」と和訳しなければならないこともあります。

男性名詞
Was kostet dieser Wein?　―　**Er** kostet 5,90 Euro.
男性 1格

このワインはいくらですか。　　　　それは5ユーロ90セントです。

男性名詞
Dieser Ring ist sehr schön.　　Die Frau kauft **ihn**.
男性 4格

この指輪はとても美しい。　　　　その女性はそれを買います。

練習問題2　下線部の名詞を人称代名詞にしましょう。

① Sie benutzt den PC.　　　　Sie benutzt _____.

② Der PC gehört ihr.　　　　_____ gehört ihr.

③ Er kauft die Krawatte.　　Er kauft _____.

§2 前置詞の格支配

前置詞は決まった格をとります

◆前置詞はその後に置かれる名詞、代名詞にいつも決まった格をとります。これを**前置詞の格支配**といいます。　🔊 43

2格支配	statt	…の代わりに	trotz	…にもかかわらず
	während	…の間ずっと	wegen	…のために　　usw.
3格支配	aus	…の中から	bei	…のもとで
	mit	…といっしょに	nach	…のあとで
	seit	…以来	von	…から、…について
	zu	…のところへ		usw.
4格支配	bis	…まで	durch	…を通って
	für	…のために	gegen	…に対して
	ohne	…なしに	um	…のまわりに　　usw.
3・4格支配　　　3格→「…で」　4格→「…へ」	an	…のきわで・へ	auf	…の上で・へ
	hinter	…のうしろで・へ	in	…中で・へ
	neben	…の横で・へ	über	…の上方で・へ
	unter	…の下で・へ	vor	…の前で・へ
	zwischen	…の間で・へ		

男性名詞
Trotz des Regens spielen die Jungen draußen Fußball. 🔊 44
2格支配 └──2格──┘

雨にもかかわらず男の子たちは外でサッカーをしています。

中性名詞　　　　　　　　　　　女性名詞
Seit einem Jahr wohnt Gabi **bei ihrer Tante**.
3格支配 └──3格──┘　　　　　3格支配 └──3格──┘

一年前からガービは彼女のおばさんのもとで暮らしています。

練習問題3　　下線部に（　　　）内の1格の名詞・人称代名詞を正しい形にして入れましょう。

① während ＿＿＿＿＿＿＿ (die Vorlesung)　② mit ＿＿＿＿＿＿＿ (der Zug)

③ mit ＿＿＿＿＿＿＿ (er)　　　　　　　　④ nach ＿＿＿＿＿＿＿ (das Essen)

⑤ zu ＿＿＿＿＿＿＿ (mein Freund)　　　⑥ zu ＿＿＿＿＿＿＿ (ich)

⑦ aus ＿＿＿＿＿＿＿ (das Zimmer)　　　⑧ durch ＿＿＿＿＿＿＿ (der Park)

⑨ für ＿＿＿＿＿＿＿ (du)

練習問題4　　下線部に以下の1格の名詞・人称代名詞を正しい形にして入れましょう。

┌───┐
│　der Regen　　das Regal　　die Stadt　　die Schule　　sie (彼らは)　│
└───┘

① Wegen ＿＿＿＿＿＿＿ kommt Franz heute nicht.　雨のためにフランツは今日来ません。

② Die Schüler kommen von ＿＿＿＿＿＿＿.　　生徒たちが学校から帰ってきます。

③ Wir spielen mit ＿＿＿＿＿＿＿ Fußball.　　私たちは彼らと一緒にサッカーをします。

④ Hans führt sie durch ＿＿＿＿＿＿＿.　　ハンスは彼女に街を案内します。

⑤ Maria nimmt ein Bilderbuch aus ＿＿＿＿＿＿＿.　マリーアは絵本を棚から取ります。

★3・4格支配の意味をおぼえましょう

◆3・4格支配の前置詞は、意味によって格が異なります。 🔊 45

「…で」のように場所を表す場合は3格をとります。
「…へ」のように方向を表す場合は4格をとります。

〔3格　場所〕Meine Mutter kocht jetzt **in der Küche**.

　　　　　私の母は今台所で料理をしています。

　　　　　「台所の中で〜している」と場所を表しているので、女性名詞 die Küche は3格になります。

〔4格　方向〕Meine Schwester geht **in die Küche**.

　　　　　私の妹は台所へ行きます。

　　　　　「台所の中へ行く」という方向を表しているので、女性名詞 die Küche は4格になります。

練習問題5　次の動詞の意味を調べましょう。

① liegen _____　② legen _____　③ wohnen _____　④ gehen _____

⑤ hängen _____（自動詞）_____（他動詞）

練習問題6　下線部に正しい冠詞の語尾を入れましょう。

① Ich hänge ein Bild an d____ Wand. Jetzt hängt das Bild an d____ Wand.

② Mein Onkel wohnt in d____ Stadt. Ich gehe morgen in d____ Stadt.

③ Otto legt seine Tasche auf d____ Stuhl. Seine Tasche liegt jetzt auf d____ Stuhl.

◆前置詞と定冠詞が結びついてひとつの単語になることがあります。

an dem → am	an das → ans	bei dem → beim	in dem → im
in das → ins	zu dem → zum	zu der → zur	usw.

🔊 46

Erika fährt **ans** Meer.　　　　　　エーリカは海辺へ行きます。

Sie bleibt drei Tage lang **am** Meer.　彼女は三日間海辺に滞在します。

練習問題7　次の語の中から正しい単語を選んで下線部に入れましょう。

am	im	ins	zur	zum

① Nach dem Abendessen geht er mit dem Bruder _____ Theater.

② Anna fährt ans Meer. Jetzt wohnt sie _____ Meer.

③ Wie kommt man _____ Hauptbahnhof?

④ Fritz nimmt jetzt das Frühstück _____ Esszimmer.

⑤ Meine Schwester geht _____ Schule.

◆前置詞が事物を表す人称代名詞や指示代名詞といっしょに用いられるとda(r) ＋前置詞という形になります。

🔊 47

Fahren Sie mit diesem Zug nach Bonn? － Ja, ich fahre **damit**.

　　あなたはこの列車でボンへ行くのですか。　　　　はい、私はそれで行きます。

◆前置詞が疑問代名詞wasといっしょに用いられるとwo(r) ＋前置詞という形になります。 🔊 48

Womit schreiben Sie den Brief? － Ich schreibe ihn mit diesem Kugelschreiber.

　　何を使って君はその手紙を書くのですか。　私はそれをこのボールペンで書きます。

Übung 6

Ⅰ. 下線部に（　　　　）内の１格の人称代名詞を正しい格にして書きましょう。

1) Ich danke _____ herzlich. (ihr)

2) Für _____ kaufe ich ein Geschenk. (du)

3) Schenkst du _____ den Ring? (sie 彼女)

4) Ich frage _____ nach dem Weg. (er)

5) Ich besuche _____. Dann helfe ich _____ bei der Arbeit. (sie 彼ら)

Ⅱ. 下線部に正しい語尾を書きましょう。何も入らない場合は△を入れましょう。

1) Während d____ Sommerferien mache ich eine Reise durch Europa.

2) Erika fährt mit ihr____ Klassenkameradin nach Rothenburg.

3) Elisabeth arbeitet in d____ Bibliothek. Sie geht jetzt in d____ Bibliothek.

4) Franz macht jeden Tag durch d____ Stadtpark einen Spaziergang.

5) Nach d____ Mittagessen geht er zu sein____ Freundin.

Ⅲ. 動詞、名詞、形容詞などと結びついてある決まった表現になる前置詞もあります。下線部に日本語の表現になる前置詞を書きましょう。（重複選択可）

an   auf   für   mit   zu

1) Jetzt esse ich _____ Abend.　　　　　今から私は夕食を食べます。

2) Maria ist schon _____ ihrer Arbeit fertig.

　　　　　　　　　　　　　　　　　　　マリーアはすでに仕事を終えています。

3) Ich danke herzlich Ihnen _____ Ihren Rat.

　　　　　　　　　　　　　　　　　私は心からあなたの助言に感謝しています。

4) Anna denkt immer _____ ihre Familie.　アナはいつも彼女の家族のことを考えています。

5) Morgen ist sie _____ Hause.　　　　　明日彼女は家にいます。

6) Er wartet schon lange _____ sie.　　　彼はもう長いこと彼女を待っています。

Er möchte dieses Jahr mit seiner Frau in die Türkei fahren.

彼は今年妻と一緒にトルコへ行きたいと思っています。

Die Deutschen und der Urlaub 🔊 49 ▶️

Die Deutschen sind bekannt dafür, dass sie gerne reisen. Nicht selten planen sie ihren Sommerurlaub schon im Januar oder Februar. Wenn man eine Reise früh bucht, kann man günstige Angebote[1] finden. Ralf Müller (45) möchte dieses Jahr mit seiner Frau in die Türkei fahren. Er sucht im Internet: „14 Tage Antalya[2], Luxushotel, Halbpension, 649 Euro pro Person." Seine Frau findet das Angebot super: „Die Strände dort sollen sehr schön sein. Wir wollen schwimmen, segeln, tauchen. Und wir werden auch Ausflüge in die Berge machen. Die sind gar nicht weit. Das Wetter ist sicher gut. Im Sommer soll dort jeden Tag die Sonne scheinen!"

1) günstige Angebote：「割安な(ツアー)商品」günstigeのeは形容詞の語尾→Lektion 9, S. 50
2) Antalya:「アンタルヤ」トルコの地中海に面する観光都市.

ドイツ人の旅行事情

　ドイツ人は世界一旅行好きだと言われています。多くの家族が夏に長期旅行に出かけます。早期割引特典を受けるために、年初めの一月にはすでに夏の旅行の予約を取ります。国内旅行はもちろん、スペイン、イタリア、トルコ、オーストリアなどが人気の行先です。慌ただしく幾つもの都市を巡るのではなく、一ヵ所に腰を据え、ゆったりとそこでの生活を楽しみます。ドイツ人は、家族と旅行をする時間をとても大切にしています。

Grammatik 7

話法の助動詞／未来形
従属の接続詞と定動詞の位置

Mein Bruder will Germanistik studieren.
私の兄はドイツ文学を大学で専攻するつもりです。

§1 話法の助動詞

> 助動詞がある文の語順に気をつけましょう

◆「…できる」「…しなければならない」などのように、動詞にいろいろなニュアンスを付け加える助動詞があります。これらの助動詞を**話法の助動詞**といいます。

dürfen	…してよい	können	…できる
mögen	…かもしれない	müssen	…しなければならない
sollen	…するべきである	wollen	…するつもりである
	möchte*	…したい	

★話法の助動詞の現在人称変化をおぼえましょう

🔊 50

	dürfen …してよい	können …できる	mögen …かもしれない	müssen …しなければならない	sollen …するべきである	wollen …するつもりである	möchte* …したい
ich	darf	kann	mag	muss	soll	will	möchte
du	darfst	kannst	magst	musst	sollst	willst	möchtest
Sie	dürfen	können	mögen	müssen	sollen	wollen	möchten
er, sie, es	darf	kann	mag	muss	soll	will	möchte
wir	dürfen	können	mögen	müssen	sollen	wollen	möchten
ihr	dürft	könnt	mögt	müsst	sollt	wollt	möchtet
Sie	dürfen	können	mögen	müssen	sollen	wollen	möchten
sie	dürfen	können	mögen	müssen	sollen	wollen	möchten

＊möchte は mögen の変化した形です。「…したい」という意味でよく使われます。

◆助動詞がある文では不定詞が文末にきます。　　　　　　　🔊 51

	助動詞の人称変化(定動詞)		不定詞(文末)	
	Darf	ich hier	**parken?**	私はここに車を止めてもよいですか。
Nein, hier	**darfst**	du nicht	**parken.**	いいえ、君はここに車を止めてはいけません。
Er	**kann**	sehr gut Flöte	**spielen.**	彼はとても上手にフルートを吹くことができます。
Herr Meier	**mag**	Mitte fünfzig	**sein.**	マイアーさんの年齢は50半ばかもしれません。
Sie	**muss**	zum Zahnarzt	**gehen.**	彼女は歯医者に行かなければなりません。
Du	**sollst**	fleißig	**lernen.**	君は熱心に勉強するべきです。
Was	**willst**	du	**studieren?**	君は大学で何を専攻するつもりですか。
Ich	**möchte**	eine Tasse Tee	**trinken.**	私は一杯の紅茶を飲みたい。

練習問題 1　下線部に(　)内の助動詞を正しい形にして書きましょう。

① Franz ＿＿＿＿＿＿ fließend Japanisch sprechen. (können)

② Erika ＿＿＿＿＿＿ Politik an der Universität studieren. (wollen)

③ Niemand ＿＿＿＿＿＿ so etwas sagen. (sollen)

④ ＿＿＿＿＿＿ ich hier ein Foto machen? (dürfen)

⑤ Morgen ＿＿＿＿＿＿ er zum Rathaus gehen. (müssen)

練習問題 2　例にならって、不定詞を ＿＿＿＿ に書きましょう。その後で、(　)内の助動詞を用いて文を書き換えましょう。

> 例　Mein Bruder studiert Germanistik.　　　不定詞 ＿＿studieren＿＿
> 　　Mein Bruder ＿will＿ Germanistik studieren. (wollen)

① Du spielst gut Klavier.　　　　　　　　不定詞 ＿＿＿＿＿

　Du ＿＿＿＿ gut Klavier ＿＿＿＿.　　　(können)

② Hans hat Recht.　　　　　　　　　　　不定詞 ＿＿＿＿＿

　Hans ＿＿＿＿ Recht ＿＿＿＿.　　　　(mögen)

③ Anna geht nach Hause.　　　　　　　不定詞 ＿＿＿＿＿

　Anna ＿＿＿＿ nach Hause ＿＿＿＿.　(müssen)

④ Ich bin immer an deiner Seite.　　　　不定詞 ＿＿＿＿＿

　Ich ＿＿＿＿ immer an deiner Seite ＿＿＿＿.　(möchte)

§2 未来形　未来形は何を表すか

🔊 52

◆未来形は未来の助動詞werdenと不定詞で表します。助動詞があるので不定詞は文末に置かれます。

★未来形の語順をおぼえましょう

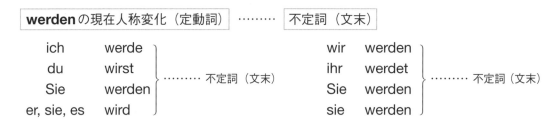

| werden の現在人称変化（定動詞） | | ……… | 不定詞（文末） |

ich	werde	
du	wirst	
Sie	werden	……… 不定詞（文末）
er, sie, es	wird	

wir	werden	
ihr	werdet	
Sie	werden	……… 不定詞（文末）
sie	werden	

◆未来形はたいていの場合、主語が1人称なら意志を、2人称なら命令を、3人称なら推量を表します。

	werden の人称変化 (定動詞)		不定詞 (文末)	
Ich	**werde**	dir immer	**helfen.**	私は君にいつも手を貸してあげたい。
Du	**wirst**	sofort ins Bad	**gehen**!	すぐにお風呂に入りなさい。
Sie	**wird**	jetzt wohl einen Bericht	**schreiben**.	彼女は今たぶんレポートを書いているでしょう。

◆時間的な未来はたいていmorgen「あした」、bald「まもなく」などといっしょに現在形で表します。

Sie hält morgen ein Referat.　　　　彼女は明日口頭発表をします。

練習問題3　下線部に助動詞を入れて、未来形にしましょう。

① Franz ＿＿＿＿＿＿＿ wohl krank sein.

② Du ＿＿＿＿＿＿＿ jetzt schlafen gehen!

③ Ich ＿＿＿＿＿＿＿ dir immer helfen.

§3 従属の接続詞と定動詞の位置

定動詞の位置に注意！

🔊 53

★従属の接続詞をおぼえましょう

als　　～したとき	dass ～ということ	ob　　～かどうか
obwohl ～にもかかわらず	weil ～なので	wenn もし～ならば、～するとき　*usw.*

★定動詞の位置に注意しましょう

┌─────主文─────┐　　　　　　┌──────副文──────┐
┌─────┐┌───┐┌──┐┌──┐┌─────┐ 　┌────────┐┌──┐┌──┐┌──┐┌───┐
│……│ 定 動 詞 │……││……││……│,│ 従属の接続詞 ││……││……││……│ 定 動 詞 │.

┌─────副文─────┐　　　　　　┌──────主文──────┐
┌────────┐┌──┐┌──┐┌───┐ 　┌───┐┌──┐┌──┐┌──┐┌──┐
│ 従属の接続詞 ││……││……│ 定 動 詞 │,│ 定 動 詞 ││……││……││……││……│.

◆ひとつの文で意味が完結する文を**主文**といいます。他の文に結びついて初めて意味の完結する文を**副文**といいます。

◆主文では定動詞第2位 (Lektion 1, S. 5) ですが、副文では定動詞は文の最後にきます。これを**定動詞後置**といいます。

Frau Bauer **bleibt** zu Hause, **weil** das Wetter schlecht **ist**.
　　　　　　定動詞第2位　　　　従属の接続詞　　　　　　　　　定動詞後置

Weil das Wetter schlecht **ist**, **bleibt** Frau Bauer zu Hause.
従属の接続詞　　　　　定動詞後置　定動詞第2位

　　天気が悪いので、バオアーさんは家にいます。

練習問題4　例にならって、定動詞を ＿＿＿＿ に書きましょう。その後で、従属の接続詞を使った副文を下線部に書きましょう。

例 Du wirst bald wieder gesund.　　　　　　定動詞 ＿＿wirst＿＿
Ich hoffe, dass du bald wieder gesund wirst.

① Das Wetter ist nicht so gut.　　　　　　　定動詞 ＿＿＿＿＿＿

　 Die Kinder spielen lebhaft Fußball, obwohl ＿＿＿＿＿＿＿＿＿＿＿＿＿＿＿.

② Franz will ins Kino gehen.　　　　　　　　定動詞 ＿＿＿＿＿＿

　 Weißt du, ob ＿＿＿＿＿＿＿＿＿＿＿＿＿＿＿?

③ Sie kann nicht mehr arbeiten.　　　　　　定動詞 ＿＿＿＿＿＿

　 Erika ist so müde, dass ＿＿＿＿＿＿＿＿＿＿＿＿＿.

Übung 7

Ⅰ. 下線部に（　　　）内の助動詞を正しい形にして書きましょう。

1) Wie viel _____ er bezahlen? (müssen)

2) _____ ich hier fotografieren?

    － Nein, Sie _____ hier nicht fotografieren. (dürfen)

3) Du _____ die Wahrheit sagen. (sollen)

4) _____ du Germanistik studieren? (wollen)

5) Er _____ weder Deutsch noch Französisch verstehen. (können)

6) Ich _____ deinen Namen nie vergessen. (werden)

Ⅱ. 次の文を（　　）内の助動詞を用いて書き換えましょう。

1) Ihr geht heute zu Fuß zur Uni. (müssen)

    _____

2) Was für ein Kleid kaufen Sie? (möchte)

    _____

3) Schläfst du jeden Tag gut, Franz? (können)

    _____

4) Unser Professor ist über 50 Jahre alt. (mögen)

    _____

Ⅲ. 次の文の間違いを見つけ、正しい文にしましょう。

1) Wenn das Wetter ist schön, wir spielen in diesem Park Fußball.
    天気がいい時は、私たちはこの公園でサッカーをします。

    _____

2) Weil Frau Zimmermann hat Fieber, sie kann heute nicht kommen.
    ツィンマーマンさんは熱があるので、今日来ることができません。

    _____

3) Es ist schade, dass du kommt heute nicht.
    君が今日来ないということは残念です。

    _____

Lektion 8

Jedes Jahr findet das Oktoberfest in München statt.

毎年オクトーバーフェストがミュンヒェンで開催されます。

München

🔊 54 ▶️

München liegt in Süddeutschland. Die Stadt hat 1,4 Millionen Einwohner und ist ein Zentrum für Wirtschaft und Kultur. In München befindet sich der Hauptsitz von BMW und es gibt auch zahlreiche Museen[1]. Das Neue Rathaus[2] und das Schloss Nymphenburg[3] sind bei Touristen besonders beliebt. Die Münchner lieben die Gemütlichkeit. Sie gehen gerne aus, im Sommer meist in den Biergarten. Jedes Jahr findet das Oktoberfest statt. Darauf freuen sich die Leute besonders. Auch das Schloss Neuschwanstein[4] in Füssen ist nicht weit. Alois Gruber (53) sagt: „Sie fahren am Hauptbahnhof ab und kommen zwei Stunden später in Füssen an. Das Schloss ist sehr romantisch!"

München

1) zahlreiche Museen:「たくさんの博物館(美術館)」zahlreiche の e は形容詞の語尾→Lektion 9, S. 50
2) das Neue Rathaus:「新市庁舎」マリエン広場にある。大きな仕掛け時計で有名。
3) das Schloss Nymphenburg:「ニュムフェンブルク城」バイエルン選帝侯の夏の離宮。
4) das Schloss Neuschwanstein:「ノイシュヴァンシュタイン(新白鳥)城」バイエルン王ルートヴィヒ2世(1845-1886)が建てた城。ルートヴィヒ2世が傾倒したヴァグナーのオペラの名場面が各部屋に描かれている。

ミュンヒェン

人口140万人のミュンヒェンは、南ドイツに位置するバイエルン州の州都です。BMWの本社もある経済の中心地であるとともに、幾つもの美術館、博物館を有する文化と歴史の香りが漂う都市です。近郊の町フュッセンには音楽を愛したルートヴィヒ2世が建てたノイシュヴァンシュタイン城があります。東京のディズニーランドのシンデレラ城のモデルになった城です。華麗で、ロマンチックなその姿は、ドイツを代表するランドマークの一つとなっています。

Grammatik 8 — 分離動詞／再帰動詞／ es の用法

> **Mein Bruder bereitet sich auf eine Prüfung vor.**
> 私の兄は試験の準備をしています。

§1 分離動詞

> 2つに分かれてしまう動詞があります

◆ふつうに使われる場合に2つに分かれてしまう動詞を**分離動詞**といいます。

◆前の部分を**前つづり**、後ろの部分を基礎動詞といいます。前つづりにはアクセントがあり、たいてい文の最後にきます。

※辞書には縦に細い線（分離線）が記されています。

分離線		分離線		分離線	
auf|stehen	起きる	an|kommen	到着する	ab|fahren	(乗り物で)出発する
↓ ↓		↓ ↓		↓ ↓	
前つづり 基礎動詞		前つづり 基礎動詞		前つづり 基礎動詞	

★前つづりの位置に気をつけましょう

🔊 55

	基礎動詞の人称変化（定動詞）		前つづり（文末）	
Er	**steht**	morgen um sechs Uhr	**auf**.	彼は明日6時に起きます。
	Steh	sofort	**auf**!	すぐに起きなさい。
Wann	**kommt**	der Zug in Hamburg	**an**?	その列車はいつハンブルクに到着しますか。
	Kommst	du pünktlich zu Hause	**an**?	君は時間通りに家に着きますか。

練習問題 1 ab\|fahren (出発する) を正しい形にして書きましょう。＿＿＿＿ に基礎動詞が、＿＿＿＿ に前つづりが入ります。

① Ich ＿＿＿＿＿＿ morgen ＿＿＿＿＿.

② Du ＿＿＿＿＿＿ morgen ＿＿＿＿＿.

③ Sie ＿＿＿＿＿＿ morgen ＿＿＿＿＿.
（あなたは）

④ Er ＿＿＿＿＿＿ morgen ＿＿＿＿＿.

⑤ Wir ＿＿＿＿＿＿ morgen ＿＿＿＿＿.

⑥ Ihr ＿＿＿＿＿＿ morgen ＿＿＿＿＿.

⑦ Sie ＿＿＿＿＿＿ morgen ＿＿＿＿＿.
（あなたたちは）

⑧ Sie ＿＿＿＿＿＿ morgen ＿＿＿＿＿.
（彼らは）

◆副文(Lektion 7 S. 41)では分離しません。 🔊 56

Weißt du, dass er morgen um acht Uhr **abfährt**?

君は彼が明日8時に出発するということを知っていますか。

◆助動詞のある文(Lektion 7 S. 39)では分離しません。

Er will morgen um acht Uhr **abfahren**. 彼は明日8時に出発するつもりです。

練習問題2 下線部に次の文の不定詞を書きましょう。

① Du kaufst im Kaufhaus ein. _____

② Ich rufe dich an. _____

③ Das Kind sieht gern fern. _____

練習問題3 下線部に次の分離動詞を正しい形にして書きましょう。

ein|steigen 乗り込む

① Ich _____ in den Zug _____.

② Wann _____ du in den Zug _____?

③ Maria, _____ in den Zug _____!

④ Herr Fischer muss in den Zug _____.

teil|nehmen 参加する

① Hans _____ an einem Seminar _____.

② _____ du an einem Seminar _____.

③ Anna _____ nicht an einem Seminar _____.

④ Ich weiß nicht, ob Anna an einem Seminar _____.

分離動詞の意味をおぼえましょう。

1. aus|steigen _____ 2. ein|steigen _____ 3. um|steigen _____

4. aus|ziehen _____ 5. an|ziehen _____

6. auf|machen _____ 7. zu|machen _____

8. aus|gehen _____ 9. zurück|kommen _____

①乗り換える ②乗車する ③下車する ④外出する ⑤帰って来る
⑥開ける ⑦閉める ⑧着る ⑨脱ぐ

§2 再帰動詞

> もう一人の自分がいる動詞

🔊 57

◆主語と同じものを示す目的語の代名詞を**再帰代名詞**といいます。

1人称ich, wirと親称の2人称du, ihr が主語のときは、再帰代名詞は人称代名詞(Lektion 6 S. 32)と同じ形になります。それ以外のものが主語のときは**sich**という形が使われます。

★再帰代名詞の3格・4格をおぼえましょう

	ich	du	Sie	er, sie, es	wir	ihr	Sie	sie
3格	mir	dir	**sich**	**sich**	uns	euch	**sich**	**sich**
4格	mich	dich	**sich**	**sich**	uns	euch	**sich**	**sich**

再帰代名詞
Er setzt **sich** auf den Stuhl.　　彼は椅子に座ります。　　(主語のerと目的語のsichは同一人物です)
4格

人称代名詞
Er setzt **ihn** auf den Stuhl.　　彼は彼を椅子に座らせます。　(主語のerと目的語のihnは別人です)
4格

練習問題4　下線部に正しい再帰代名詞を書きましょう。

① Ich setze ＿＿＿＿ auf den Stuhl.　　② Du setzt ＿＿＿＿ auf den Stuhl.

③ Monika setzt ＿＿＿＿ auf den Stuhl.　　④ Der Mann setzt ＿＿＿＿ auf den Stuhl.

◆再帰代名詞といっしょに使われて、ある意味をもつ動詞を**再帰動詞**といいます。再帰動詞は前置詞といっしょに使われることがよくあります。

再帰動詞　　前置詞
Ich **freue mich auf** die Ferien.　　　私は休暇を楽しみにしている。
　　4格

再帰動詞　　前置詞
Sie **sorgt sich um** ihre Zukunft.　　　彼女は彼女の将来を心配している。
　　4格

※辞書には次のように記されています。

freuen　再帰　　sich auf 4格 freuen　　4格 を楽しみにしている

sorgen　再帰　　sich um 4格 sorgen　　4格 のことを心配する

練習問題5 sich erkälten (風邪をひく) を正しい形にして書きましょう。_____ に定動詞が、_____ に再帰代名詞が入ります。

① Ich _____ _____ .

② Du _____ _____ .

③ Sie _____ _____ .
（あなたは）

④ Er _____ _____ .

⑤ Wir _____ _____ .

⑥ Ihr _____ _____ .

⑦ Sie _____ _____ .
（あなたたちは）

⑧ Sie _____ _____ .
（彼らは）

練習問題6 下線部に正しい再帰代名詞を書きましょう。

① Der Sohn sorgt _____ um die Gesundheit seiner Mutter.

② Wir freuen _____ schon auf die Sommerferien.

③ Interessierst du _____ für Politik?

④ Beeilt _____ , Kinder!

⑤ Ich dusche _____ und meine Schwester schminkt _____ .

§3 esの用法　「それ」という意味のないes

🔊 58

◆ 「それ」という意味を持たないes を主語として、３人称単数の形で使われる動詞を**非人称動詞**といいます。この場合、es を「それ」とは訳しません。

Es regnet heute. 　　　今日は雨が降っています。

Wie **geht es** Ihnen? 　　ご機嫌いかがですか。

Hier **gibt es** eine Bank. 　ここに銀行があります。　　es gibt＋4格：「4格がある」の意

練習問題7 下線部に( )内の動詞を正しい形にして書きましょう。

① Es _____ . (ziehen)

② Wie spät _____ es jetzt? (sein)

③ Was _____ es heute zu Abend? (geben)

④ Es _____ ihm an Mut. (fehlen)

⑤ Worum _____ es sich hier? (handeln)

Übung 8

Ⅰ. 適切な動詞を選び、正しい形にして書きましょう。

an|rufen	aus|steigen	ein|laden	mit|teilen	zurück|fahren

1) Anna _____ aus dem Zug _____.　　アナはその列車から降ります。

2) _____ du mit dem Bus _____?　　君はバスで帰るのですか。

　　— Nein, ich _____ mit der U-Bahn _____.　いいえ、私は地下鉄で帰ります。

3) Franz _____ seine Freundin zum Essen zu sich _____.

　　　　　　　　　　　　　　　フランツは彼の恋人を食事に自宅へ招待します。

4) _____ du mich heute Abend _____?　　君は私に今晩電話をかけてくれますか。

　　— Ja, ich _____ dich sicher _____.　　はい、私は君に必ず電話をかけます。

5) Er _____ ihr seine Telefonnummer _____.

　　　　　　　　　　　　　　　彼は彼女に彼の電話番号を知らせます。

Ⅱ. 下線部に正しい再帰代名詞を書きましょう。

1) Er freut _____ über das Geschenk.

2) Ich kann _____ nicht mehr an seine Worte erinnern.

3) Sie ärgert _____ über die Sache, aber ihr Mann ärgert _____ nicht darüber.

4) Du sollst _____ nicht verspäten.

5) Wir fürchten _____ vor dem Erdbeben.

Ⅲ. 正しい前置詞を選んで、下線部に書きましょう。

an	auf	mit

1) Sie beschäftigt sich gerade _____ ihrer Arbeit.

2) Ich muss mich _____ die Prüfung vorbereiten.

3) Kannst du dich _____ den Mann erinnern?

Ⅳ. 次の文の間違いを見つけ、正しい文にしましょう。

1) Ich vorstelle sich.　　私は自己紹介します。

　　_____

2) Leon, dusch sich sofort!　　レオン、すぐにシャワーを浴びなさい。

　　_____

3) Hier in der Nähe gibt es einem Restaurant.　　この近くにレストランがあります。

　　_____

Die vielen Gäste kommen aus der ganzen Welt.

多くの訪問客たちが世界中からやって来ます。

Das Oktoberfest 🔊 59 ▶

Das Münchner Oktoberfest ist ein international bekanntes Bierfest. Es dauert zwei Wochen. Die riesige „Party" beginnt schon im September und endet am ersten Sonntag im Oktober. Die vielen Gäste, mehr als 6 Millionen[1], kommen aus der ganzen Welt. Man trinkt besonders starkes Bier in einem großen Glaskrug: Eine Maß, das ist ein Liter! Zum Bier essen die Leute eine große Brezel[2], ein gebratenes Hähnchen[3] oder einen leckeren Ochsenbraten. Für Kinder und junge Leute gibt es Attraktionen wie Karussell, Riesenrad oder Achterbahn. Wenn das Oktoberfest zu Ende geht, beginnt schon bald die kalte Jahreszeit: der lange Winter.

1) mehr als 6 Millionen:「600万人以上」mehr は viel の比較級→Lektion 13, S. 75
2) Brezel:「ブレーツェル」細いパン生地を8の字形に成形して焼いた塩味の固いパン。
3) ein gebratenes Hähnchen:「鳥の丸焼き」gebraten は braten の過去分詞→Lektion 10, S. 58

ミュンヒェンのオクトーバーフェスト

ミュンヒェンで行われるオクトーバーフェストは世界最大のビール祭りです。9月の下旬から10月の第一日曜日までの2週間開催され、世界中から600万人以上が訪れます。大手ビール醸造所がこの2週間のために建てたいくつもの巨大なテントの中は大賑わい。この時期に合わせて製造されたアルコール度数の高いビールを1リットルジョッキで味わいます。ビールとともにブレーツェル、鳥の丸焼きなどが食されます。野外には移動遊園地が設営され、若い人たちはメリーゴーラウンド、ジェットコースターなども楽しみます。

形容詞の格変化
形容詞の名詞化

Mein Bruder kauft **ein neues Motorrad**.
私の兄は新しいオートバイを買います。

§1 **形容詞の格変化**

> 形容詞も語尾変化します

◆形容詞が名詞の前につくとき、その名詞の性・数・格に応じて語尾がつきます。

neu　新しい

形容詞　中性名詞
Mein Bruder kauft ein neu**es** Motorrad.　私の兄は新しいオートバイを買います。 🔊 60
　　　　　　　　　 4格

形容詞 男性名詞
Mein Bruder kauft einen neu**en** Wagen.　私の兄は新しい自動車を買います。
　　　　　　　　　 4格

参考）述語として　　Das Motorrad ist neu.　　　　そのオートバイは新しい。
　　　副詞として　　Das Fahrrad sieht noch neu aus.　その自転車はまだ新しく見える。

★形容詞の語尾に気をつけましょう

　　　　　　　　　　　　　　　　　　　　　男性名詞
❶ 形容詞＋名詞　　　　　　　　　guter Wein　　おいしいワイン
❷ 定冠詞(類)＋形容詞＋名詞　　　der junge Mann　　その若い男性
❸ 不定冠詞(類)＋ 形容詞＋名詞　　ein junger Mann　　ある若い男性

❶形容詞＋名詞の場合　　　　　　　　　　　　　　　　　　　🔊 61

	男性名詞 おいしいワイン	女性名詞 温かい牛乳	中性名詞 冷たいビール	複数 新鮮な卵
1格	gut**er** Wein	warm**e** Milch	kalt**es** Bier	frisch**e** Eier
2格	gut**en** Weines	warm**er** Milch	kalt**en** Bieres	frisch**er** Eier
3格	gut**em** Wein	warm**er** Milch	kalt**em** Bier	frisch**en** Eiern
4格	gut**en** Wein	warm**e** Milch	kalt**es** Bier	frisch**e** Eier

語尾は定冠詞の語尾に似ています。男性名詞2格と中性名詞2格の語尾は -en となります。

　　　　　　　　　　　　男性名詞
Ich trinke jeden Abend **guten** Wein.　　私は毎晩おいしいワインを飲みます。
　　　　　　　　　　　　 4格

❷定冠詞（類）＋形容詞＋名詞の場合　🔊 62

	男性名詞　その若い男性	女性名詞　その年とった女性	中性名詞　そのかわいい子供
1格	der junge Mann	die alte Frau	das hübsche Kind
2格	des jungen Mannes	der alten Frau	des hübschen Kindes
3格	dem jungen Mann	der alten Frau	dem hübschen Kind
4格	den jungen Mann	die alte Frau	das hübsche Kind

	複数　　そのかわいい子供たち
1格	die hübschen Kinder
2格	der hübschen Kinder
3格	den hübschen Kindern
4格	die hübschen Kinder

語尾は -e と -en しかありません。

❸不定冠詞（類）＋形容詞＋名詞の場合　🔊 63

	男性名詞　ある若い男性	女性名詞　ある年とった女性	中性名詞　あるかわいい子供
1格	ein△ junger Mann	eine alte Frau	ein△ hübsches Kind
2格	eines jungen Mannes	einer alten Frau	eines hübschen Kindes
3格	einem jungen Mann	einer alten Frau	einem hübschen Kind
4格	einen jungen Mann	eine alte Frau	ein△ hübsches Kind

	複数　　私のかわいい子供たち
1格	meine hübschen Kinder
2格	meiner hübschen Kinder
3格	meinen hübschen Kindern
4格	meine hübschen Kinder

男性1格、中性1・4格の語尾に注意しましょう。それ以外は❷と同じです。

男性名詞
Frau Schneider hat einen **netten** Sohn.　　シュナイダーさんには優しい息子さんがいます。
4格

男性名詞
Ich kenne den **netten** Sohn.　　私はその優しい息子さんを知っています。
4格

練習問題1　次の1格の名詞の2格、3格、4格を書きましょう。

❶形容詞＋名詞

	男性名詞 濃いコーヒー	女性名詞 冷たい牛乳	中性名詞 焼きたてのパン	複数 裕福な人たち
1格	starker Kaffee	kalte Milch	frisches Brot	reiche Leute
2格				
3格				
4格				

❷定冠詞(類)＋形容詞＋名詞

	男性名詞　その背の高い男性	女性名詞　その若い女性	中性名詞　その行儀のよい子供
1格	der große Mann	die junge Frau	das artige Kind
2格			
3格			
4格			

	複数　　この賢い子供たち
1格	diese klugen Kinder
2格	
3格	
4格	

❸不定冠詞(類)＋ 形容詞＋名詞

	男性名詞　ある背の高い男性	女性名詞　君の若い奥さん	中性名詞　彼の行儀のよい子供
1格	ein großer Mann	deine junge Frau	sein artiges Kind
2格			
3格			
4格			

	複数　　私たちのすてきな子供たち
1格	unsere schönen Kinder
2格	
3格	
4格	

練習問題2　例にならって _____ の名詞の性と格を答えた後、下線部に形容詞の語尾を書きましょう。

> 例 Sie hören gern klassische___ Musik.　　　　　　　　　(___女性 名詞___　___4格___)

① Er kauft einen neu_____ Wagen. Der neu_____ Wagen ist schnell.

(_____ 名詞 _____ 格)　(_____ 名詞 _____ 格)

② Das ist „Eine klein_____ Nachtmusik" von Mozart.

(_____ 名詞 _____ 格)

③ Ihr nett_____ Mann ist ein bekannt_____ Opernsänger.

(_____ 名詞 _____ 格)　(_____ 名詞 _____ 格)

④ Die Ausstellung der modern_____ Kunst findet morgen statt.

(_____ 名詞 _____ 格)

⑤ Diese blau_____ Krawatte passt gut zu dem grau_____ Anzug.

(_____ 名詞 _____ 格)　(_____ 名詞 _____ 格)

§2 形容詞の名詞化 ← 形容詞は名詞としても使えます

🔊 64

◆形容詞は頭文字を大文字にして名詞として使うことができます。
　その場合の格変化は、名詞の前につくときの格変化と同じです。
　男性、女性、複数は「人」を表し、中性は「事物」を表します。

	男性 その(男性の)老人	女性 その(女性の)病人	複性 その善良な人たち	中性 そのよいもの
1格	der Alte	die Kranke	die Guten	das Gute
2格	des Alten	der Kranken	der Guten	des Guten
3格	dem Alten	der Kranken	den Guten	dem Guten
4格	den Alten	die Kranke	die Guten	das Gute

男性
Ein **Alter** fragt mich.
　1格
　ある(男性の)老人が私に尋ねます。

男性
Ich antworte dem **Alten**.
　　3格
　私はその(男性の)老人に答えます。

中性
Steht etwas **Neues** in der heutigen Zeitung?
　　1格
　何か新しいことが今日の新聞に載っていますか。

中性
― Nein, nichts **Besonderes**.
　　1格
　いいえ、何も特別なことは載っていません。

Übung 9

Ⅰ. 下線部に schön を正しい形にして書きましょう。（変わらない場合もあります）

1) Ich wünsche dir ein _____ Wochenende.

2) Das Wetter ist _____.

3) Die _____ Opernsängerin singt auf der Bühne.

4) Die Opernsängerin singt _____ auf der Bühne.

5) Sie hat eine _____ Stimme.

Ⅱ. 適切な語を選んで、下線部に正しい形にして書きましょう。

blau groß grau gut kalt klein kurz lang schlecht schwarz warm

1) Ich habe _____ Augen, aber mein Sohn hat _____ Augen.
　　　　　　　　　　　　悪い　　　　　　　　　　　　　　　　　　　　　　　　良い

2) Ich trinke _____ Wasser. Meine Frau trinkt _____ Wasser.
　　　　　　　　　　冷たい　　　　　　　　　　　　　　　　　　　　温かい

3) Mein Freund hat zwei _____ Hunde.
　　　　　　　　　　　　　　　黒い

4) Er kauft eine _____ Krawatte.
　　　　　　　　　　青い

5) Die Krawatte passt gut zu dem _____ Anzug.
　　　　　　　　　　　　　　　　　　　　グレーの

6) In unserer _____ Stadt gibt es eine _____ Bibliothek.
　　　　　　　　　小さい　　　　　　　　　　　　　　　大きな

7) Ich schreibe ihr einen _____ Brief. Sie schickt mir eine _____
   E-Mail.　　　　　　　　　　　　　　長い　　　　　　　　　　　　　　　短い

Ⅲ. 次の文の間違いを見つけ、正しい文にしましょう。

1) Sie pflegt einen Kranker.　　　　　　　　　　彼女はある(男性の)病人の世話をします。

　　_____

2) Ich hole der Bekannten vom Bahnhof ab.　　私はその(女性の)知人を駅に迎えに行きます。

　　_____

3) Wir zeigen einem Fremder den Weg.　　　　私たちは見知らぬ男性に道を教えます。

　　_____

ちょっと文法

止まってる？ 動いてる？

◆前置詞

ドイツ語が英語より静的関係と動的関係をきちんと区別したがる言語だということは、3・4格支配の前置詞（an, auf, in など9個）によくあらわれている。Wo liegt das Buch?「その本はどこにある?」と聞かれたら、Es liegt auf **dem** Tisch.「それは机の上にあります」と3格で答えるが、Wohin legen Sie das Buch?「あなたはその本をどこへ置くの?」と聞かれた場合は Ich lege es auf **den** Tisch.「私はそれを机の上へ置きます」と4格で答えなければならない。英語ならどちらも on the desk ですむところだね（ただし英語にも in と into のような区別も若干ある）。静止状態なのか、動きの方向を示しているのかに注意しよう。

朝日出版社

〒101-0065 東京都千代田区西神田3-3-5　TEL:03-3263-3321
<URL> https://www.asahipress.com
全国の生協／書店にて発売中です。小社HPからもお買い求めいただけます。

若者がよく使う口語表現

〈満足している。／ Hast du etwas gegen ihn? — Nein, *durchaus* nicht. 君は何か彼に恨みがあるのか — いいえ、ぜんぜん。

durchaus, ...
nicht. 君は彼に恨みがあるのか
— いいえ、ぜんぜん。
durch brechen¹ [ドゥルヒブレヒェン]

126

初級者に優しい**独和辞典** 増補改訂版

定価3,080円（本体2,800円＋税10%）　ISBN 978-4-255-01343-5

注文書

	注文数	
お名前	冊	書店印
ご住所		
	TEL	

必要事項をご記入のうえ、最寄りの書店へお申し込みください。

朝日出版社

初級者に優しい
独和辞典

増補改訂版

ご好評につき、
コラムや関連語などを刷新！
ドイツ国内事情や数字データも
最新のものに更新！

❶ ドイツの若者がよく使う口語表現をていねいに
示してあります。

❷ 読み・発音をわかりやすく表示しました。z.B.（も

初級者に優しい

独和辞典

早川東三＋伊藤眞＋Wilfried Schulte［著］

Wörterbuch
Deutsch leicht gemacht

見やすくたのしい 工夫がいっぱい

絵で見るドイツ単語

主な列車 Bahnhof

① der Bahnsteig プラットホーム。
② das Gleis ……番線。
③ die Schiene 線路。
④ die Zuge 列車。
⑤ der Zugbegleiter, die Zugbegleiterin 列車乗務員。
⑥ der Bahnmitarbeiter, 駅職員、鉄道社員。
⑦ der Fahrkartenautomat 券売機。
⑧ der Fahrplan 運行時刻表。
⑨ die Information 案内所。

⑩ der Entwerter 自動改札機。
⑪ das Schließfach コインロッカー。
⑫ der Kiosk キオスク。
⑬ der Imbiss 軽食[スタンド]。

Einmal Bonn einfach (hin und zurück), bitte! 〈切符を買うときに〉ボンまで片道(往復)一枚ください。
die erste(zweite) Klasse 一(二)等。
der [Sitz]platz 座席。
die Sitzplatzreservierung 座席予約。
der Großraumwagen コンパートメントのない広い客車。
das Abteil コンパートメント。
die Ankunft 到着。
die Abfahrt 出発。
die Verspätung 遅れ。
der Zuschlag 割増料金;特急券。

関連語をディスプレイ

Internet

インターネット
die E-Mail Eメール。
die E-Mail-Adresse Eメールアドレス。
die Mailbox メールボックス。
die Homepage ホームページ。
die Website ウェブサイト。
die URL URL(ユ・ア・ル)。
das Passwort パスワード。
surfen ネットサーフィンをする。
suchen 検索する。
chatten チャットする。

dünsten

D

dünsten [デュンステン] 蒸す。

Dur [ドゥーア] 中/[複数無し] 〖音楽〗長調。D-Dur ニ長調。

durch [ドゥルヒ] 1 〖4格支配〗〈場所〉…を通って、…を通り抜けて。〖通過〗**durch das**…を通って。**durch die Tür (die Wand)** ドアを通る(壁を通り抜ける)。〖手段・出来事〉…によって、…のおかげで。**durch ein Erdbeben** (Spezialisten) 地震のおかげで(専門家の手で)。〖分割〗**8 [geteilt] durch 2** ist 4. 8割る2は4。〖時間〗…の間ずっと。**das ganze Jahr durch** 一年中ずっと。2 〖副詞的に〗通り過ぎて。**Lassen Sie mich mal durch!** 私をちょっと通してください。

¹durch- [ドゥルヒ-] 〈動詞〉常にアクセントをもち機能動詞をつくる前つづり。【通過】durchfahren 通り抜ける。【切断】durchschneiden 断ち切る。【強め】durchatmen 深呼吸する。【分断】durchschneiden 断ち切る。【完遂】durchlesen 徹底的に読み通す。

²durch- [ドゥルヒ-] 〈マクセントをもたず非分離動詞をつくる前つづり。【通過】durchfahren (物を)通る。【分断】durchschneiden 断ち切る。【完遂】durchlesen 徹底的に読む。

durch-atmen [ドゥルヒ-アートメン] 深呼吸する。

durch-aus [ドゥルヒ-アォス、ドゥルヒ-アォス] まったく、まったくもって。

durch-brechen [ドゥルヒ-ブレヒェン] 1) **du brichst durch, er bricht durch**; brach durch, durchgebrochen 中 1二つに折れる(割る)。2 (s) 〈二つに〉折れる。

²durch-brechen [ドゥルヒ-ブレヒェン] **er durchbricht, durchbrach, durchbrochen** 中 突破する;法・規制などを破る、〈枠の〉障壁を破る。

durch-einander [ドゥルヒ-アィナンダァ] 〖接頭辞・接続〗入り乱れて、ごちゃごちゃで。**Alle redeten durcheinander.** 皆めいめい勝手に話しまくった。**Durch-einander** [ドゥルヒ-アィナンダァ] 中/s 無秩序;な状態。

¹durch-fahren [ドゥルヒ-ファーレン] **du fährst durch, er fährt durch**; fuhr durch, durchgefahren 中 fahren (s) (乗り物が)通り抜ける〈過ぎる〉。**Fahren wir durch den nächsten Ort durch?** 次の村は通り抜けましょうか。

²durch-fahren [ドゥルヒ-ファーレン] **du durchfährst, er durchfährt; durchfuhr, durchfahren** 中 durchfahren 通過する、場合から場まで走る。**Unser Zug durchfuhr einen Tunnel nach dem anderen.** わたしたちの乗った列車は次から次へとトンネルを通り抜けた。**Durch-fahrt** [ドゥルヒ-ファールト] 女/en 通り抜け;通り道・出入口。**Durchfahrt bitte frei lassen!** 出入り口にご注意車道。

Durch-fall [ドゥルヒ-ファル] 男/els 〈Durch-fälle〉下痢;落第、失敗。**Sie hat starken Durchfall.** 彼女はひどい下痢をしている。

Er war schon als Kind Mitglied in einem Fußballverein.

彼はすでに子供のころあるサッカークラブのメンバーでした。

Lektion 10

Fußball in Deutschland

🔊 65 ▶️

    Jens Rickert (37) arbeitet als Finanzberater bei einer Bank. Seine Arbeit ist manchmal stressig, deshalb treibt er in seiner Freizeit Sport. Er spielt Fußball. Jens war schon als Kind Mitglied in einem Fußballverein. Mit sechs Jahren fing er bei den F-Junioren[1] an. Er und seine Kameraden trainierten fleißig und am Wochenende hatten sie oft ein Spiel gegen ein anderes Team. Jens spielte sehr gut und bald wurde er Kapitän seiner Mannschaft. Wenn sein Team gewann, war er glücklich. Zwei Jahre später kam er zu den E-Junioren. So ging es weiter, bis zu den A-Junioren. Auch heute noch ist er aktiv. Und er ist Bundesliga-Fan. Sein Lieblingsteam ist „Borussia Dortmund".

ドイツのサッカー事情

1) F-Junioren:「F-ジュニア」　子供と青年のサッカークラブは年齢によって2歳刻みで以下のようにクラス分けされている。

G-Junioren	4 bis 6 Jahre	F-Junioren	6 bis 8 Jahre
E-Junioren	8 bis 10 Jahre	D-Junioren	10 bis 12 Jahre
C-Junioren	12 bis 14 Jahre	B-Junioren	14 bis 16 Jahre
A-Junioren	16 bis 18 Jahre		

ドイツのサッカー事情

    サッカーはドイツで最も人気のあるスポーツです。観戦ばかりではなく、多くの人たちが地元のクラブで実際にプレーしています。ドイツサッカー連盟（Der Deutsche Fußball-Bund）に所属している人が人口の約1割もいます。それぞれの町に年齢別に構成されたクラブがあり、子供から大人までサッカーを楽しんでいます。週末にはリーグ戦を行い、年間でよい成績を残せば上位リーグへ進めます。その頂点に位置するのがブンデスリーガです。地域密着のスポーツクラブの原点が、ドイツのサッカークラブにあるのです。

動詞の３基本形
過去人称変化

Lerntest du Deutsch?　　君はドイツ語を学んでいましたか。
– Ja, ich **lernte** Deutsch.　　はい、私はドイツ語を学んでいました。

§1　動詞の３基本形

> ３つの基本となる動詞の形

◆動詞には、不定詞、過去、過去分詞という基本となる３つの形があります。
　この３つを**動詞の３基本形**といいます。

★規則動詞の３基本形をおぼえましょう

🔊 66

	不定詞 －[e]n		過去 －te	過去分詞 ge－t
規則動詞	hören	聞く	hörte	gehört
	lernen	学ぶ	lernte	gelernt
	arbeiten*	働く	arbeitete	gearbeitet
	auf|hören	やめる	hörte auf	aufgehört*

＊現在人称変化で、語幹と語尾の間に -e- が入る動詞 (Lektion 1, S. 6) は過去と過去分詞でも e が入ります。
＊分離動詞の過去分詞は前つづりの後に基礎動詞の過去分詞が続きます。

練習問題 1　次の規則動詞の３基本形を書きましょう。

	不定詞 －[e]n		過去 －te	過去分詞 ge－t
規則動詞	kaufen	買う	----------	----------
	machen	つくる	----------	----------
	wohnen	住む	----------	----------
	warten	待つ	----------	----------
	an|machen	つける	----------	----------
	ein|kaufen	買物をする	----------	----------

★不規則動詞の３基本形をおぼえましょう　🔊 67

	不定詞		過去	過去分詞
不規則動詞	fahren	(乗り物で)行く	fuhr	gefahren
	fliegen	飛ぶ	flog	geflogen
	gehen	(歩いて)行く	ging	gegangen
	kommen	来る	kam	gekommen
	schreiben	書く	schrieb	geschrieben
	stehen	立っている	stand	gestanden
	bringen	持って来る	brachte	gebracht
	an|kommen	到着する	kam　an	angekommen

※不規則動詞は辞書の見出し語に、たいてい次のように書かれています。
fahren*　fliegen*　＊が不規則動詞の印です。

練習問題2　次の不規則動詞の３基本形を書きましょう。

	不定詞		過去	過去分詞
不規則動詞	essen	食べる		
	lesen	読む		
	nehmen	取る		
	sehen	見る		
	sprechen	話す		
	an|sprechen	話しかける		
	fern|sehen	テレビを見る		

★sein, haben, werdenの３基本形もおぼえましょう　🔊 68

	不定詞		過去	過去分詞
重要な動詞	sein	…である	war	gewesen
	haben	…を持っている	hatte	gehabt
	werden	…になる	wurde	geworden

◆過去分詞にge- がつかない動詞があります。 🔊 69
　①be-　emp-　ent-　er-　ge-　ver-　zer- の前つづりを持つ動詞
　②不定詞の末尾が-ieren で終わる動詞

	不定詞		過去	過去分詞
①	besuchen	訪問する	besuchte	besucht
	verstehen	理解する	verstand	verstanden
②	studieren	大学で学ぶ	studierte	studiert

　　　①の動詞の前つづりbe-　emp- などには、アクセントがありません。

練習問題3　上の表を参考に、次の動詞の3基本形を書きましょう。

	不定詞		過去	過去分詞
①	verkaufen	売る	‑‑‑‑‑‑‑‑‑‑‑‑‑‑	‑‑‑‑‑‑‑‑‑‑‑‑‑‑
	entsprechen	一致する	‑‑‑‑‑‑‑‑‑‑‑‑‑‑	‑‑‑‑‑‑‑‑‑‑‑‑‑‑
②	kopieren	コピーする	‑‑‑‑‑‑‑‑‑‑‑‑‑‑	‑‑‑‑‑‑‑‑‑‑‑‑‑‑

§2 過去人称変化　　過去を表す動詞の形

◆過去時称での人称変化を**過去人称変化**といいます。過去人称変化は過去がもとになって変化します。

★過去人称変化に気をつけましょう

	不定詞	hören	fahren	bringen	sein	haben
	過去	hörte	fuhr	brachte	war	hatte
ich	—	hörte	fuhr	brachte	war	hatte
du	— st	hörtest	fuhrst	brachtest	warst	hattest
Sie	— [e]n	hörten	fuhren	brachten	waren	hatten
er, sie, es	—	hörte	fuhr	brachte	war	hatte
wir	— [e]n	hörten	fuhren	brachten	waren	hatten
ihr	— t	hörtet	fuhrt	brachtet	wart	hattet
Sie	— [e]n	hörten	fuhren	brachten	waren	hatten
sie	— [e]n	hörten	fuhren	brachten	waren	hatten

	過去人称変化 (定動詞)			🔊 70
Gestern	**hörte**	ich Musik.	昨日私は音楽を聞きました。	
	Hatten	Sie Fieber?	あなたは熱がありましたか。	
Der Zug	**fuhr**	um zehn Uhr **ab**.	その列車は10時に出発しました。	

練習問題4　前ページの表を参考に、次の動詞の過去人称変化を表に書きましょう。

不定詞	spielen	gehen	werden	können
過去				
ich				
du				
Sie				
er, sie, es				
wir				
ihr				
Sie				
sie				

練習問題5　下線部に入る最も適切な過去の形を 練習問題4 から選んで書きましょう。

① Franz ＿＿＿＿＿＿ am Freitag in die Oper.

② Wir ＿＿＿＿＿＿ gestern Tennis im Sportplatz.

③ Meine Schwester ＿＿＿＿＿＿ damals weder Deutsch noch Englisch sprechen.

④ Vorgestern ＿＿＿＿＿＿ meine Tochter fünf Jahre alt.

練習問題6　次の文の不定詞を下線部に書きましょう。

① Warst du einmal im Ausland?　＿＿＿＿＿＿

② Wir nahmen an der Versammlung teil.　＿＿＿＿＿＿

③ Mein Bruder versprach ihr die Ehe.　＿＿＿＿＿＿

④ Gestern standen wir früh auf.　＿＿＿＿＿＿

Übung 10

Ⅰ. 例にならって、次の文の不定詞を _____ に、その過去の形を _____ に書きましょう。 その後で、過去の文に書き直しましょう。

> 例 Ich bin zu Hause.　　不定詞　sein　　過去　war
> Ich war zu Hause.

1) Ihr macht Musik.　　　　　　　　　　　不定詞 _____　過去 _____

　　_____

2) Der Zug kommt pünktlich in Berlin an.　　不定詞 _____　過去 _____

　　_____

3) Der Arzt empfiehlt meinem Vater einen langen Spaziergang.

　　　　　　　　　　　　　　　　　　　　不定詞 _____　過去 _____

　　_____

4) Trifft er am Samstag seine Freundin?　　不定詞 _____　過去 _____

　　_____

Ⅱ. 下線部に(_____)内の不定詞を過去の形にして書きましょう。

1) Du _____ Mineralwasser und ich _____ Spezi. (trinken)

2) _____ Sie einmal im Ausland? (studieren)

　　− Nein, ich _____ keine Gelegenheit. (haben)

3) Ich _____ in den Zug _____. (ein|steigen)

　　Ich _____ nach Berlin fahren.   (müssen)

4) Meine Großmutter _____ ins Museum gehen. (wollen)

　　Sie(彼女) _____ ein Taxi. (bestellen)

Ⅲ. 次の文の間違いを見つけ、正しい文にしましょう。

1) Damals arbeitet meine Frau in dieser Firma.
　　当時私の妻はこの会社で働いていました。

　　_____

2) Als sie war Studentin, sie wohnte in Wien.
　　彼女が学生だった時、彼女はウィーンに住んでいました。

　　_____

3) Gestern muss sie früh aufstand.
　　昨日彼女は早く起きなければなりませんでした。

　　_____

Lektion 11

Viele Städte haben eine strenge Mülltrennung eingeführt.

多くの町が厳密なゴミの分別を取り入れました。

Umwelt

🔊 71 ▶️

Die Deutschen haben ein hohes Umweltbewusstsein. Bereits in den 70er Jahren hat man in Deutschland über Umweltfragen diskutiert. Damals sind die Müllberge bedrohlich angewachsen und die Abgase der Autos und Fabriken haben die Luft verschmutzt. Viele Städte und Gemeinden haben deshalb eine strenge Mülltrennung eingeführt: gelbe Tonnen für Verpackungen, blaue für Papier und braune für Biomüll. Für weißes, grünes und braunes Glas hat man eigene Container aufgestellt. Nach der Atomkatastrophe in Fukushima hat sich in Deutschland auch die Atompolitik radikal geändert. Die Regierung hat den Atomausstieg beschlossen, spätestens bis zum Jahr 2022.

ドイツのエコライフ

　ドイツは自然を愛し、自然に優しい国です。すでに1970年代には大気汚染、大量のゴミなどの問題が取り上げられ、改善運動が始まりました。ゴミの徹底分別のためのゴミ箱の色分け、ビンの色別回収、ビン・ペットボトルのデポジットシステムなど、消費者と生産者が一体となり環境保全のために様々な対策が講じられています。太陽光発電や風力発電などのエネルギー問題にも積極的に取り組んでいます。東日本大震災による原発事故を教訓に、ドイツでは稼動していた17基の原発のうち8基を即刻停止、残りの9基を2022年までにすべて停止することにしました。

> Ich **bin** nach Hause **gekommen.** 私は家に帰りました。
> Ich **habe** gut **geschlafen.** 私はぐっすり眠りました。

§1 完了形 | 完了形は haben または sein と過去分詞で

◆完了形は haben または sein と過去分詞で表します。

★完了の助動詞に注意しましょう

4格の目的語を取る動詞＝他動詞 (Lektion 3 S. 17)	→ 完了の助動詞は **haben**
4格の目的語を取らない動詞＝自動詞 (Lektion 3 S. 17)	→ → 完了の助動詞は **sein**

◆多くの動詞は完了の助動詞に **haben** をとります。

◆4格の目的語をとらない動詞(自動詞)の中で、次のようなものは完了の助動詞に **sein** をとります。

①場所の移動を表す動詞	gehen	行く	kommen	来る	*usw.*
②状態の変化を表す動詞	werden	…になる	sterben	死ぬ	*usw.*
③その他の例外	sein	…である	bleiben	とどまる	

◆完了の助動詞に haben をとる動詞を haben 支配の動詞といい、sein をとる動詞を sein 支配の動詞といいます。

※ sein 支配の動詞は、辞書にはたいてい次のように表記されています。
gehen 自 (完了 sein)　werden 自 (完了 sein)　sein 自 (s)

練習問題 1　次の動詞が haben 支配か sein 支配か調べましょう。

① lernen 　　学ぶ 　＿＿＿＿＿　② wohnen 　住む 　＿＿＿＿＿

③ fliegen 　　飛ぶ 　＿＿＿＿＿　④ schlafen 　眠る 　＿＿＿＿＿

⑤ ein|schlafen 　眠りこむ 　＿＿＿＿＿　⑥ verstehen 　理解する 　＿＿＿＿＿

⑦ entstehen 　生じる 　＿＿＿＿＿

★現在完了の形をおぼえましょう

| **haben**の現在人称変化（定動詞） | ……… | 過去分詞（文末） |

ich	habe		wir	haben	
du	hast		ihr	habt	
Sie	haben	……… gelernt.（文末）	Sie	haben	……… gelernt.（文末）
er, sie, es	hat		sie	haben	

[lernen 学ぶ　haben 支配　過去分詞 gelernt]

| **sein**の現在人称変化（定動詞） | ……… | 過去分詞（文末） |

ich	bin		wir	sind	
du	bist		ihr	seid	
Sie	sind	……… gekommen.（文末）	Sie	sind	……… gekommen.（文末）
er, sie, es	ist		sie	sind	

[kommen 来る　sein 支配　過去分詞 gekommen]

🔊 72

	haben, sein の人称変化（定動詞）		過去分詞（文末）	
Gestern	**habe**	ich fleißig Deutsch	**gelernt.**	昨日私は熱心にドイツ語を学びました。
Wo	**hast**	du Französisch	**gelernt?**	君はどこでフランス語を学びましたか。
Er	**ist**	spät nach Hause	**gekommen.**	彼は遅くに帰宅しました。
	Sind	sie schon nach Hause	**gekommen?**	彼らはもう帰宅しましたか。

過去と現在完了の違い
　　過去は現在と切り離して過去の事柄を表すのに対して、現在完了は現在とのつながりの中で過去の事柄を表します。そのため現在完了は会話の中でよく使われます。

練習問題2　次の文の語順を正しくしましょう。現在完了の文にしましょう。

① Vor drei Jahren Hans hat hier gewohnt.

_____

② Mein Kind ist eingeschlafen sofort.

_____

③ Hast du geschlafen gut, Anna?

_____

練習問題3 次の動詞がhaben支配かsein支配かを調べましょう。次に過去分詞を調べましょう。

① helfen 手を貸す ＿＿＿＿＿＿ 支配　過去分詞 ＿＿＿＿＿＿＿

② gehen 行く ＿＿＿＿＿＿ 支配　過去分詞 ＿＿＿＿＿＿＿

練習問題4 上の動詞を使って現在完了の文を作りましょう。＿＿＿＿ に完了の助動詞が、＿＿＿＿ に過去分詞が入ります。

① Franz ＿＿＿＿＿＿＿ gestern ins Museum ＿＿＿＿＿＿＿.

② Mein Kind ＿＿＿＿＿＿＿ nach Hause ＿＿＿＿＿＿＿.

③ Wohin ＿＿＿＿＿＿＿ du am letzten Sonntag ＿＿＿＿＿＿＿?

④ Weißt du, ob Maria gestern ins Konzert ＿＿＿＿＿＿＿ ＿＿＿＿＿＿＿?

⑤ Seine Kinder ＿＿＿＿＿＿＿ gestern ins Theater ＿＿＿＿＿＿＿.

⑥ ＿＿＿＿＿＿＿ ihr eurer Mutter beim Kochen ＿＿＿＿＿＿＿?

⑦ Wem ＿＿＿＿＿＿＿ Franz gestern ＿＿＿＿＿＿＿?

⑧ Ich ＿＿＿＿＿＿＿ einer alten Frau auf der Straße ＿＿＿＿＿＿＿.

⑨ Weißt du, wem er ＿＿＿＿＿＿＿ ＿＿＿＿＿＿＿?

★過去完了の形もおぼえましょう

habenの過去人称変化（定動詞） ……… 過去分詞（文末）

ich	hatte		wir	hatten	
du	hattest	……… gelernt.（文末）	ihr	hattet	……… gelernt.（文末）
Sie	hatten		Sie	hatten	
er, sie, es	hatte		sie	hatten	

seinの過去人称変化（定動詞） ……… 過去分詞（文末）

ich	war		wir	waren	
du	warst	……… gekommen.（文末）	ihr	wart	……… gekommen.（文末）
Sie	waren		Sie	waren	
er, sie, es	war		sie	waren	

過去完了は過去のある時点で完了している事柄を表します。

過去分詞　　完了の助動詞
Nachdem sie zu Abend **gegessen hatte**, fuhr sie zum Bahnhof.　🔊 73
定動詞後置
彼女は夕食をとった後で、駅に行きました。

[essen 食べる　haben 支配　過去分詞 gegessen]

完了の助動詞　　　　　　過去分詞
Als sie am Bahnhof ankam, **war** der Zug bereits **abgefahren**.
定動詞
彼女が駅に到着したとき、列車はすでに出発していました。

[ab|fahren 出発する　sein 支配　過去分詞 abgefahren]

練習問題5　次の動詞がhaben支配かsein支配かを調べましょう。次に過去分詞を調べましょう。

① telefonieren　電話で話す　_____ 支配　過去分詞 _____

② an|fangen　始まる　_____ 支配　過去分詞 _____

③ sterben　死ぬ　_____ 支配　過去分詞 _____

練習問題6　上の動詞を使って過去完了の文を作りましょう。_____ に完了の助動詞が、_____ に過去分詞が入ります。

① Nachdem ich mit meiner Freundin _____ _____, nahm ich ein Bad.

② Als wir in den Hörsaal kamen, _____ die Vorlesung schon _____.

③ Damals _____ meine Großmutter schon _____.

建物を表す、次の単語の意味をおぼえましょう。

1. der Bahnhof _____　2. die Burg _____　3. der Flughafen _____

4. das Kaufhaus _____　5. das Kino _____　6. die Kirche _____

7. das Krankenhaus _____　8. das Rathaus _____

①デパート　　②病院　　③市役所　　④空港　　⑤駅
⑥教会　　⑦城　　⑧映画館

Übung 11

Ⅰ. 例にならって、次の文の不定詞を( )内に、その動詞の完了の助動詞を_____
に、過去分詞を_____に書きましょう。その後で、現在完了の文にしましょう。

> 例 Ich bleibe zu Hause.　　不定詞(bleiben)　sein　支配　過去分詞 geblieben
>
> Ich bin zu Hause geblieben.

1) Ich höre gern Popmusik.
　　　　不定詞 (　　　　　　　)　_____支配　過去分詞 _____

　　_____

2) Anna genießt ihren Urlaub sehr.
　　　　不定詞 (　　　　　　　)　_____支配　過去分詞 _____

　　_____

3) Hans steigt auf einen Berg.
　　　　不定詞 (　　　　　　　)　_____支配　過去分詞 _____

　　_____

4) Der ICE kommt pünktlich in Berlin an.
　　　　不定詞 (　　　　　　　)　_____支配　過去分詞 _____

　　_____

Ⅱ. 現在完了の文になるように下線部に完了の助動詞を書きましょう。

1) Mein Bruder _____ vor zwei Wochen nach München gefahren.

2) An welcher Universität _____ du studiert?

3) Wo _____ Franz seinen Schlüssel verloren?

4) Was _____ Maria zum Frühstück gegessen?

5) Sein Name _____ mir gar nicht eingefallen.

6) Die Fußballmannschaft _____ den Pokal errungen.

Ⅲ. 次の文の間違いを見つけ、正しい文にしましょう。

1) Das Kind hat gefallen vom Fahrrad.
　　その子供は自転車から落ちました。

　　_____

2) Nachdem sie hatte fleißig Deutsch gelernt, sie ist nach Deutschland geflogen.
　　彼女は熱心にドイツ語を学んだ後、ドイツに行きました。

　　_____

Lektion 12

Familien, die kleine Kinder haben, kaufen gerne im Biomarkt ein.

小さい子供のいる家庭は好んで自然食品マーケットで買い物をします。

Einkaufen im Biomarkt[1)]   🔊 74 ▶️

Die Deutschen achten auf ihre Gesundheit. Familien, die kleine Kinder haben, kaufen gerne im Biomarkt ein. Man bekommt dort Lebensmittel, auf die man sich verlassen kann. Vieles stammt aus ökologischer Landwirtschaft. Die Obstsäfte z. B., deren Fruchtgehalt 100%[2)] beträgt, enthalten keine Zusatzstoffe. Wer Brot im Biomarkt kauft, hat eine große Auswahl. Alle Produkte des täglichen Bedarfs sind schadstoffarm und umweltfreundlich. Automaten für die Rücknahme von Pfandflaschen erleichtern das Recycling. Auf der Flasche steht, wie hoch das Pfand ist. Den Bon, den der Automat ausdruckt, bringt man zur Kasse. Ganz einfach!

1) Biomarkt:「自然食品マーケット」
2) %: Prozent

自然食品マーケットでの買い物

　ドイツでは、有機農法で作られた自然食品「Bio」が人気です。健康に留意するドイツ人にとって、特に小さな子供のいる家庭では、安全な食品を口にすることが大切だからです。以前は割高な「Bio」製品でしたが、今では安く手にすることができます。また、肉などは「切り売り、量り売り」が基本です。食品もパッケージもムダが省かれます。食材を包装するプラスチック、飲み物の容器もリサイクルされます。買い物にもムダ、ゴミを極力抑えるのがドイツ流です。

関係代名詞

Ich kenne den Arzt, **der** aus Deutschland **kommt**.
私はドイツから来たその医者を知っています。

§1 **定関係代名詞** ── 先行詞がある関係代名詞

★先行詞のある関係代名詞の格変化をおぼえましょう　🔊 75

	男性	女性	中性	複数
1格	der	die	das	die
2格	dessen	deren	dessen	deren
3格	dem	der	dem	denen
4格	den	die	das	die

◆先行詞のある関係代名詞を**定関係代名詞**といいます。
　格変化は指示代名詞(Lektion 5, S. 28) と同じです。

◆関係代名詞の使い方
　①関係代名詞の性と数は、先行詞の性と数と同じです。
　②格は関係代名詞ではじまる文の中の役割で決まります。
　③関係代名詞は省略されることはなく、関係代名詞ではじまる文の先頭にきます。ただし、
　　関係代名詞が前置詞といっしょに使われる場合には、前置詞は関係代名詞の前にきます。
　④関係代名詞ではじまる文は副文(Lektion 7, S. 41) ですから、定動詞は後置されます。
　⑤関係代名詞ではじまる文は、必ずコンマで区切られます。

★関係代名詞のある文の語順に注意しましょう　🔊 76

① 男性名詞4格　den Arzt　これが先行詞になります

A) Ich kenne den Arzt.　　　　　　　　　　　　私はその医者を知っています。

② 男性名詞1格　der Arzt　これが関係代名詞になります

B) Der Arzt kommt aus Deutschland.　　　　　その医者はドイツから来ました。

der　aus Deutschland kommt
③ 関係代名詞は文の先頭　　④ 定動詞後置

A) B)の文を定関係代名詞で結んだ文
　　　　　　　先行詞　　関係代名詞　　　　　定動詞後置
Ich kenne den Arzt, **der** aus Deutschland **kommt**.　私はドイツから来たその医者を知っています。
　　　⑤ コンマ

★関係代名詞の格に注意しましょう。

関係代名詞１格

Der Deutsche, **der** Klavier **spielt**, heißt Werner Schmidt.

ピアノを弾いているそのドイツ人はヴェルナー・シュミットという名前です。

derは関係代名詞の１格で、関係代名詞ではじまる文の主語です。

関係代名詞２格

Der Deutsche, **dessen** Mutter Musiklehrerin **ist**, studiert Musik.

母親が音楽の教師であるそのドイツ人は音楽を大学で学んでいます。

dessenは関係代名詞の２格で、その後に続く名詞に冠詞はつきません。

関係代名詞３格

Der Deutsche, **dem** ich die E-Mail **schicke**, kommt aus Berlin.

私がＥメールを送るそのドイツ人はベルリン出身です。

demは関係代名詞の３格で、動詞schicken（ 3格 に 4格 を送る）の目的語です。

関係代名詞４格

Der Deutsche, **den** ich jetzt **anrufe**, spricht gut Japanisch.

私が今電話をかけるそのドイツ人は上手に日本語を話します。

denは関係代名詞の４格で、動詞an|rufen（ 4格 に電話する）の目的語です。

前置詞　関係代名詞

Der Deutsche, mit **dem** ich in die Oper gehe, spielt ausgezeichnet Klavier.

私がいっしょにオペラを見に行くそのドイツ人は見事にピアノを弾きます。

mitは３格支配の前置詞です。demは関係代名詞の３格です。

練習問題 1　例にならって、先行詞の性と数、関係代名詞の格を書きましょう。

例 Das Kind, dessen Vater Geige spielt, singt sehr gern.　先行詞 中性名詞　　関係代名詞 2 格

① Meine Tante, deren Sohn jetzt in Wien wohnt, reist nach Österreich ab.

先行詞 ＿＿＿＿＿＿＿＿　　関係代名詞＿＿＿格

② Die Frau, der mein Sohn gefällt, besucht uns an diesem Sonntag.

先行詞 ＿＿＿＿＿＿＿＿　　関係代名詞＿＿＿格

③ Die Kinder, denen ich Schokolade gegeben habe, haben sich darüber gefreut.

先行詞 ＿＿＿＿＿＿＿＿　　関係代名詞＿＿＿格

④ Mein Kollege, den ich besuchen will, wohnt in der Vorstadt.

先行詞 ＿＿＿＿＿＿＿＿　　関係代名詞＿＿＿格

⑤ Wer ist der Mann, mit dem Erika auf der Straße gesprochen hat?

先行詞 ＿＿＿＿＿＿＿＿　　関係代名詞＿＿＿格

練習問題2 例にならって、関係代名詞になる名詞に ＿＿＿＿＿ を、定動詞に ＿＿＿＿＿＿ を引きましょう。その後で、関係代名詞ではじまる文にしましょう。

> 例 Der Junge fährt dort Fahrrad.
> Der Junge, ___der___ dort Fahrrad ___fährt___, ist der Sohn meines Freundes.

① Der Mann steht dort.

Der Mann, ＿＿＿＿＿＿ dort ＿＿＿＿＿＿, ist unser Lehrer.

② Ich besuche morgen die Frau.

Die Frau, ＿＿＿＿＿＿ ich morgen ＿＿＿＿＿＿, wohnt in Heidelberg.

③ Ich zeige den Kindern den Weg.

Die Kinder, ＿＿＿＿＿＿ ich den Weg ＿＿＿＿＿＿, wollen zum Bahnhof gehen.

④ Ich schenke meiner Freundin ein Wörterbuch.

Meine Freundin, ＿＿＿＿＿＿ ich ein Wörterbuch ＿＿＿＿＿＿, lernt Japanisch.

⑤ Er steigt in den Zug ein.

Der Zug, in ＿＿＿＿＿＿ er ＿＿＿＿＿＿, fährt nach München.

練習問題3 下線部に関係代名詞を書きましょう。

① Die Frau, ＿＿＿＿＿＿ auf der Bank liest, ist unsere Lehrerin.

② Die Frau, ＿＿＿＿＿＿ Haus hier in der Nähe liegt, kauft immer in diesem Supermarkt ein.

③ Die Frau, über ＿＿＿＿＿＿ wir gesprochen haben, kommt gerade jetzt hierher.

④ Ich telefoniere mit der Frau, ＿＿＿＿＿＿ mein Bruder liebt.

⑤ Was ist denn die Frau von Beruf, ＿＿＿＿＿＿ dieser Wagen hier gehört?

学部、専攻を表す、次の単語の意味をおぼえましょう。

1. die Chemie ＿＿＿＿　　　2. die Geschichte ＿＿＿＿　　　3. die Linguistik ＿＿＿＿

4. die Jura ＿＿＿＿　　　5. die Pädagogik ＿＿＿＿

6. die Philosophie ＿＿＿＿　　　7. die Politologie ＿＿＿＿

8. die Psychologie ＿＿＿＿　　　9. die Wirtschaftswissenschaft ＿＿＿＿

　　①経済学　　　②歴史学　　　③化学　　　④哲学　　　⑤教育学
　　⑥言語学　　　⑦心理学　　　⑧法律学　　　⑨政治学

§2 不定関係代名詞 先行詞のない関係代名詞もあります

★先行詞のない関係代名詞の格変化をおぼえよう

🔊 78

	人 （およそ～である人は誰でも）	事物 （およそ～であるものは何でも）
1格	wer	was
2格	wessen	―
3格	wem	―
4格	wen	was

◆先行詞のない関係代名詞を**不定関係代名詞**といいます。

格変化は疑問代名詞(Lektion 5, S. 29) と同じです。

🔊 79

不定関係代名詞　1格

Wer nicht arbeiten **will**, soll nicht essen.

働くつもりのない人は食べるべきではない。(働かざる者食うべからず)

wer は人を表す不定関係代名詞の1格で「およそ(働くつもりのない)人は～」という意味で主語になります。

不定関係代名詞　4格

Wen ich einmal gesehen **habe**, vergesse ich nicht.

一度会った人を私は忘れません。

wen は人を表す不定関係代名詞の4格で、動詞sehen（ 4格 に会う）の目的語です。

不定関係代名詞　4格

Was mein Lehrer gesagt **hat**, konnte ich gar nicht verstehen.

私の先生の言ったことを私は全く理解できませんでした。

was は事物を表す不定関係代名詞の4格で、動詞sagen（ 4格 を言う）の目的語です。

◆was は、alles, etwas などの不定代名詞、中性名詞化した形容詞などを先行詞とすることがあります。

Das ist **alles**, **was** ich darüber **weiß**.

これが、私がそのことについて知っているすべてです。

練習問題4 　下線部に不定関係代名詞を入れましょう。

① _____ viel Geld hat, ist nicht immer glücklich.

② _____ du liebst, möchte ich einmal sehen.

③ _____ du heute tun kannst, verschiebe nicht auf morgen!

Übung

Ⅰ. 下線部に関係代名詞を書きましょう。

1) Die Frau, _____ ich Blumen geschenkt habe, ist krank.

2) Der Mann, _____ der Angestellte anrufen muss, ist sein Chef.

3) Mein Onkel, _____ Tochter Schauspielerin ist, geht oft ins Theater.

4) Das Mädchen, auf _____ Franz lange wartete, hat sich verirrt.

5) Heute kommt der Freund zu uns, _____ jetzt in Heidelberg studiert.

6) Alles, _____ ich in diesem Restaurant gegessen habe, war sehr lecker.

7) _____ ich einmal gesehen habe, den vergesse ich nicht.

Ⅱ. (b) の文を関係代名詞ではじまる文にして (a) の文に結びましょう。

1) (a) Die Studentin will Anwältin werden.
   (b) Die Studentin studiert Jura.

   _____

2) (a) Ist das das Buch?
   (b) Du hast das Buch gesucht.

   _____

3) (a) Hier ist der Gasthof.
   (b) Otto wohnt jetzt in dem Gasthof.

   _____

4) (a) Wie heißt deine Freundin?
   (b) Du hast lange auf deine Freundin gewartet.

   _____

5) (a) Die Frau geht oft ins Stadion.
   (b) Der Sohn der Frau ist Fußballspieler.

   _____

Manche Leute trinken ein Glas Glühwein, um sich aufzuwärmen.

幾人かの人たちは体を温めるためにグラス一杯のグリューワインを飲みます。

Lektion 13

Weihnachten

🔊 80 ▶️

Anfang Dezember, wenn es kälter wird, beginnt die Vorweihnachtszeit. Man stellt einen Adventskranz[1] auf und die Kinder öffnen jeden Morgen ein neues Fenster von ihrem Adventskalender[2]. In vielen Städten gibt es einen Weihnachtsmarkt. Der bekannteste ist wohl der „Christkindlmarkt" in Nürnberg. Man kauft dort Schmuck für den Weihnachtsbaum oder süßes Gebäck. Manche Leute trinken ein Glas Glühwein[3], um sich aufzuwärmen. Der 24. Dezember ist der „wichtigste" Tag für die Kinder, denn sie bekommen viele Geschenke. Am schönsten ist es, wenn es draußen schneit. Weiße Weihnachten – der Traum aller Kinder und Erwachsenen!

1) Adventskranz: 「アトヴェンツクランツ」待降節 (クリスマス前の4週間の準備期間のことをいい、11月27日以降の日曜日から始まる) に飾る花輪。樅の小枝で編まれ4本のろうそくが立てられていて、日曜日ごとに1本ずつ火が灯される。
2) Adventskalender: 「アトヴェンツカレンダー」子供たち用のクリスマスカレンダー。1日ごとに小さな窓があり、その窓を開けると中に小さなお菓子が入っている。子供たちはお菓子を食べながら、クリスマス本番を待つ。
3) Glühwein: 「グリューヴァイン」赤ワインに甘味と香辛料を加えて温めた飲み物。ホットワイン。

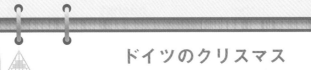

ドイツのクリスマス

　クリスマスはドイツで最も大切な歳時です。12月25日の4つ前の日曜日からアトヴェントと呼ばれる待降節に入ります。町には赤ワインに果物、シナモン、砂糖などを入れて煮たグリューワインの香りが立ち込めるクリスマス市が立ち、ツリーを彩る飾り、シュトレンというシナモンのきいたケーキやレープクーヘンというクッキーを売る店が並びます。家庭では4本のろうそくを立てたアトヴェンツクランツを飾り、子供たちはアトヴェンツカレンダーのお菓子の入った窓を毎日ひとつずつ開けてクリスマスを待ちます。ドイツではクリスマスは家族とともに祝います。

Grammatik 13

比較／現在分詞／ zu 不定詞

Mein **älterer** Bruder hat vor, ins Museum **zu** gehen.
私の兄は博物館に行くことを予定しています。

§1 比較の表し方 ［比較級と最上級］

◆形容詞には、原級、比較級、最上級があります。

★形容詞の比較級と最上級の形をおぼえましょう 🔊 81

原級 —		比較級 (¨)−er	最上級 (¨)−st
klein	小さい	kleiner	kleinst
lang	長い	länger	längst
alt	年とった	älter	ältest

◆langのように原級の母音がひとつで、その母音がa, o, uの場合は比較級、最上級ともウムラオトがつきます。
◆altのように原級が-d, -t などで終わるものは最上級で発音しやすいようにeが入ります。

★不規則に変化するものもあります 🔊 82

原級		比較級	最上級
groß	大きい	größer	**größt**
gut	よい	**besser**	**best**
hoch	高い	**höher**	höchst
nah	近い	näher	**nächst**
viel	多くの	**mehr**	**meist**
gern	好んで	**lieber**	**am liebsten**

※辞書には次のように書かれています。

alt 形 (比較 älter 最上 ältest)   viel 形 (比較 mehr 最上 meist)

練習問題1　形容詞の比較級と最上級を書きましょう。

原級		比較級	最上級
billig	安い	---------	---------
klein	小さい	---------	---------
kalt	冷たい	---------	---------
kurz	短い	---------	---------
jung	若い	---------	---------
schön	美しい	---------	---------

★いろいろな比較の表現

🔊 83

so 原級 wie

Er ist **so** alt **wie** ich.　　　　　　　　　彼は私と同じ年です。

比較級 als

Mein Bruder ist drei Jahre **älter als** ich.　　私の兄は私よりも三歳年上です。

immer 比較級 / 比較級 und 比較級

Draußen wurde es **immer kälter**.
Draußen wurde es **kälter und kälter**.　　　外はますます寒くなりました。

定冠詞(der/die/das) 最上級＋e

Heinrich ist **der Älteste** in dieser Gruppe.　ハインリヒはこのグループで一番年上です。
Die Frau ist **die Älteste** von uns.　　　　　その女性は私たちの中で一番年上です。

am 最上級＋en

Die Kirche ist in dieser Gegend **am ältesten**.　その教会はこの地域で最も古い。

名詞の前について

Mein **älterer**＊ Bruder ist Architekt.　　　私の兄は建築家です。
Meine **älteste**＊ Tochter ist Beamtin.　　　私の長女は公務員です。

＊名詞の前につくときには形容詞の語尾がつきます。(Lektion 9, S. 51)

不定冠詞類	形容詞	男性名詞		不定冠詞類	形容詞	女性名詞
mein	älter**er**	Bruder		meine	ältest**e**	Tochter
		1格				1格

練習問題2　次の形容詞の比較級と最上級を調べ、下線部に正しい形を書きましょう。

groß　背が高い　　　　比較級 _____　　最上級 _____

① Wolfgang ist so _____ wie Ludwig.

② Richard ist zwei cm _____ als Wolfgang.

③ Richard ist der _____ von ihnen.

schnell　速い　　　　比較級 _____　　最上級 _____

① Mein Auto fährt _____ als dein Auto.

② Meine Schwester hat ein _____ Auto als ich.

③ Das Auto meiner Schwester fährt am _____ unter unseren Autos.

§2 現在分詞 — 動詞も形容詞のように使えます

◆不定詞＋d の形で動詞を形容詞のように使えます。これを**現在分詞**といいます。
「…しながら」「…している」という意味になります。

不定詞		現在分詞
lächeln	微笑む	lächelnd
reisen	旅行する	reisend

不定詞		現在分詞
weinen	泣く	weinend
sein	…である	seiend*

＊sein の現在分詞は例外です。

★現在分詞を使った表現　🔊 84

| …しながら | Ein Mann hat mich **lächelnd** angesprochen. |

ある男性が私に微笑みながら話しかけてきました。

| …している | Kennst du den **lächelnden*** Mann dort? |

君はあそこで微笑んでいる男性を知っていますか。

＊名詞の前のつくときには形容詞の語尾がつきます。(Lektion 9, S. 51)

| …している人 | **Die Reisende*** fragte mich nach dem Weg zum Museum. |

その女性の旅行者は私に博物館へ行く道を尋ねました。

＊reisend が女性名詞化されたもの。(Lektion 9, S. 53)

練習問題3　(　　　　　)内の不定詞を現在分詞の正しい形にして下線部に書きましょう。

① _____ ist der Gast in die Kneipe getreten. (pfeifen)

② Berlin ist eine _____ Stadt.   (reizen)

③ Die _____ auf der Bühne ist die Schwester meines Freundes. (singen)

§3 zu 不定詞　英語の to 不定詞です

◆不定詞句や zu 不定詞句では不定詞は最後に置かれます。

不定詞句　　mit meinem Mann nach Europa **reisen**　　夫と一緒にヨーロッパへ旅行する

zu 不定詞句　mit meinem Mann nach Europa **zu reisen**　夫と一緒にヨーロッパへ旅行すること

★ zu 不定詞の使い方に注意しましょう　🔊 85

主語　「〜ことは、〜ことが」

Es ist mein Wunsch, mit meinem Mann nach Europa **zu reisen**.

Mit meinem Mann nach Europa **zu reisen** ist mein Wunsch.

　　　夫と一緒にヨーロッパを旅行することが私の望みです。

目的語　「〜ことを」

Er hat vor, eine Party **zu geben**.

　　　彼はパーティーを開くことを予定しています。

前に置かれた名詞の内容の説明

Hast du Zeit, mit mir ins Kino **zu gehen**?

　　　君は僕と一緒に映画を見に行く時間がありますか。

um ……… zu 不定詞　「〜するために」

Er fährt zum Bahnhof, **um** seine Freundin **abzuholen***.

　　　彼は彼のガールフレンドを迎えるために駅へ行きます。

＊分離動詞の zu 不定詞では前つづりと基礎動詞の間に zu が入ります。

ohne ……… zu 不定詞　「〜することなしに」

Sie ist zur Schule gegangen, **ohne zu frühstücken**.

　　　彼女は朝食を取ることなしに学校へ行きました。

haben ……… zu 不定詞　「〜しなければならない」

Heute **haben** wir noch **zu arbeiten**.

　　　今日私たちはまだ働かなければなりません。

練習問題4　(　　　　　)内の不定詞句を zu 不定詞句にして文を完成しましょう。

① Es ist sein Wunsch, (ein berühmter Maler werden).

_____

② Er hat sich entschlossen, (in Deutschland Philosophie studieren).

_____

③ Ich habe keine Lust, (ihn zu dieser Party ein|laden).

_____

Ⅰ. 適切な語を選んで、下線部に正しい形にして書きましょう。

| fleißig   gern   groß   neu   jung   wichtig |

1) Meine Schwester ist drei Jahre _____ als ich.
若い

2) Was trinken Sie am _____?
好んで

3) Klaus ist der _____ in unserer Klasse.
熱心な

4) Paul lernt vor der Prüfung am _____.
熱心な

5) Berlin ist die _____ Stadt in Deutschland.
大きな

6) Solarenergie wird immer _____.
重要な

7) Friedrich hat einen _____ PC als ich.
新しい

Ⅱ. (   )内の単語を正しく並べ変えて、日本語の意味になる文を作りましょう。

1) Es ist schwer für mich, (den Satz, ins Japanische , übersetzen, zu).
Es ist schwer für mich, _____.
この文を日本語に訳することは私にとって難しい。

2) Du darfst nicht in dieses Zimmer treten, (an die Tür, klopfen, ohne, zu)
Du darfst nicht in dieses Zimmer treten, _____.
君はドアをノックすることなしにこの部屋に入ってはいけません。

3) Wir sind in den Supermarkt gegangen, (Käse und Butter, ein|kaufen, um, zu)
Wir sind in den Supermarkt gegangen, _____.
私たちはチーズとバターを買うためにスーパーマーケットへ行きました。

Ⅲ. 次の文の間違いを見つけ、正しい文にしましょう。

1) Wer ist das weinend Mädchen dort? _____
あそこで泣いている少女は誰ですか。

2) Mein drei Jahre jünger Bruder besucht das Gymnasium.
三歳年下の弟はギムナジウムに通っています。

_____

Die deutsche Autobahn wird in der ganzen Welt bewundert.

ドイツのアウトバーンは世界中で称賛されています。

Die deutsche Autobahn

🔊 86 ▶️

Die deutsche Autobahn wird in der ganzen Welt bewundert. Ihr Netz umfasst 13.000 Kilometer, sie ist gut gepflegt und sie ist kostenlos. Einzig für LKWs[1] wurde vor einigen Jahren eine Maut eingeführt. Auf der Autobahn wird schnell gefahren, denn auf vielen Strecken gibt es kein Tempolimit. Die zahlreichen Raststätten mit Parkplätzen, Tankstellen, Shops und Restaurants werden von den Reisenden gerne besucht. Die meisten Raststätten sind 24 Stunden geöffnet. Die Benutzung der Toiletten ist allerdings kostenpflichtig: Man zahlt 70 Cent und bekommt einen Bon im Wert von 50 Cent. Diesen kann man einlösen, wenn man etwas kauft.

1) LKWs: LKW (Lastkraftwagen)の複数形 「エル・カー・ヴェー・ス」と読む。

ドイツのアウトバーン

　全長およそ13,000キロのアウトバーンはドイツ全土を網羅しています。アウトバーンの通行は無料です。自動車の保有や燃料に課される税金が維持費に充てられています。ただし、EU統合により、交通量が増えたため、現在では大型トラックは有料となりました。アウトバーンは速度無制限としても知られていますが、速度制限を設けている区間もあり、その割合は近年増えてきました。また、交通量の増加によりスピードを出すことが難しくなってきました。

受動

Mein Sohn **wird** vom Lehrer **gelobt.**
私の息子は先生にほめられます。

§1 werdenの３つの使い方　◀)) 87

①動詞「…になる」の意味　　Er **wird** Lehrer.　　　　　　　　彼は先生になります。
　(Lektion 4, S. 22)
②未来の助動詞として　　　Er **wird** den Lehrer **besuchen.**　彼は先生を訪ねるだろう。
　(Lektion 7, S. 40)
③受動の助動詞として　　　Er **wird** vom Lehrer **gelobt.**　　彼は先生にほめられます。

§2 受動の表現　　「〜される」という表現

★受動の形をおぼえましょう

| werdenの人称変化（定動詞） | ……… | 過去分詞（文末） |

ich	werde		wir	werden
du	wirst		ihr	werdet
Sie	werden	……… gelobt（文末）	Sie	werden	……… gelobt（文末）
er, sie, es	wird		sie	werden

[loben　ほめる　過去分詞 gelobt]

◆受動の助動詞は werden です。助動詞があるので、過去分詞は文末に置かれます。

練習問題 1　動詞の過去分詞を調べた後、受動文を作りましょう。
　　　　　　　＿＿＿＿＿＿ に受動の助動詞が、＿＿＿＿＿＿ に過去分詞が入ります。

tadeln　過去分詞　＿＿＿＿＿＿＿＿

① Das Kind ＿＿＿＿＿＿ von seiner Mutter ＿＿＿＿＿＿＿.

② Die Kinder ＿＿＿＿＿＿ von ihrem Vater ＿＿＿＿＿＿＿.

③ Ich ＿＿＿＿＿＿ scharf ＿＿＿＿＿＿＿.

練習問題2　(　　)内の動詞を使って、受動文を作りましょう。

_____ に受動の助動詞が、_____ に過去分詞が入ります。

① Wurst _____ in Deutschland gern _____. (essen)

　　ソーセージはドイツで好んで食べられます。

② Auch in Liechtenstein _____ Deutsch _____. (sprechen)

　　リヒテンシュタインでもドイツ語が話されます。

③ Welche DVD _____ jetzt gut _____? (verkaufen)

　　どのＤＶＤが今よく売れていますか。

★能動文と受動文の関係

🔊 88

能動文　Der Lehrer lobt den Schüler.　　その先生はその生徒をほめます。

受動文　Der Schüler **wird** vom Lehrer **gelobt**.　その生徒はその先生にほめられます。

◆能動文の４格の目的語が受動文の主語になります。

◆能動文の主語は von＋３格 (原因や手段の場合は durch＋４格)によって表されます。

練習問題3　能動文の動詞の過去分詞を調べましょう。その後で受動文に書き直しましょう。

_____ に冠詞の語尾が、_____ に受動の助動詞が、_____ に過去分詞が入ります。

① Die Frau fragt den Alten.　　　　　　　　　　過去分詞 _____

　D____ Alte _____ von d____ Frau _____.

② Der Lärm stört die Vorlesung.　　　　　　　　過去分詞 _____

　D____ Vorlesung _____ durch d____ Lärm _____.

③ Meine Mutter macht die Tür auf.　　　　　　　過去分詞 _____

　D____ Tür _____ von mein____ Mutter _____.

★受動の時称

89

| 現在 | Der Schüler **wird** vom Lehrer **gelobt**. |

| 過去 | Der Schüler **wurde*** vom Lehrer **gelobt**. |

　　　*受動の助動詞werdenの過去人称変化(Lektion 10, S. 59)

| 現在完了 | Der Schüler **ist** vom Lehrer **gelobt worden***. |

　　　*受動文の完了の助動詞は必ずseinになります。受動の助動詞werdenの過去分詞は
　　　wordenになります。

◆動詞werden「…になる」と受動の助動詞werdenの過去分詞を区別しましょう。
　Er ist Lehrer geworden.　　　彼は教師になりました。　　（能動文の現在完了）
　Er ist gelobt worden.　　　　彼はほめられました。　　　（受動文の現在完了）

<u>練習問題4</u>　　下線部に正しい語を入れて、①の文を②過去と③現在完了の文にしましょう。

① Wir werden von einem Fremden auf der Straße gefragt.

② Wir ＿＿＿＿＿＿＿＿ von einem Fremden auf der Straße gefragt.

③ Wir ＿＿＿＿＿＿＿＿ von einem Fremden auf der Straße gefragt ＿＿＿＿＿＿＿.

★自動詞も受動になります

🔊 90

| 能動文 | Sie hilft dem Kind. | 彼女はその子に手を貸します。 |

　　　　　　1格　　　3格

| 受動文 | Es* **wird** dem Kind von ihr **geholfen**. | その子は彼女に手を貸してもらいます。 |

　　　　　Dem Kind **wird** von ihr **geholfen**.

[helfen 自 手を貸す　過去分詞 geholfen]

*このesは形式的な主語で、文頭以外では省略されます。

zweiundachtzig

§3 状態受動 　「～された」後の状態を表す言い方

◆「～された」後の状態を表す言い方を**状態受動**といいます。
状態受動は助動詞seinと他動詞の過去分詞で表します。

★状態受動の形に気をつけましょう

| seinの人称変化（定動詞） | ………… | 他動詞の過去分詞（文末） |

◆状態受動の助動詞はsein です。助動詞があるので、過去分詞は文末に置かれます。　🔊 91
Der Laden **ist** schon **geöffnet**.　　その店はすでに開いています。

（その店は開けられたままになっています。）

◆受動の助動詞werden を使った受動文（動作受動）と区別しましょう。
Der Laden **wird** jetzt **geöffnet**.　　その店は今開けられます。

練習問題5　(　　)内の動詞を使って、状態受動の文を作りましょう。
　　　　　　_____ に助動詞が、_____ に過去分詞が入ります。

① Das Fenster _____ schon _____. (schließen)

　　窓はすでに閉まっています。

② Sie _____ tief _____. (verletzen)

　　彼女は深く傷つけられています。

③ Wir _____ zu dieser Party _____. (ein|laden)

　　私たちはそのパーティーに招待されている。

§4 その他の受動的な表現　🔊 92

man を主語として
Man* sprach gestern über dieses Problem.　　昨日この問題について話されました。
＊man を主語とする能動文を受動文にする場合は、能動文の主語man は受動文では省かれます。
Über dieses Problem **wurde** gestern **gesprochen**.

sein ……… zu不定詞　「～されうる」
Dieses Rätsel **ist** leicht **zu lösen**.　　　　この謎は簡単に解けます。

lassen sich ……… 他動詞の不定詞　「～されうる」
Das **lässt sich** leicht **beweisen**.　　　　それは簡単に証明されます。

Lektion 14

Übung 14

Ⅰ. 正しい語を選んで過去分詞に直してから、受動文にしましょう。 _____ に
助動詞が、_____ に過去分詞が入ります。

| auf\|führen auf\|räumen bauen ab\|schließen komponieren singen |

1) Wann _____ dieses Schloss _____?
   この宮殿はいつ建てられましたか。

2) Ein deutsches Lied _____ von den Jungen _____.
   ドイツの歌がその少年たちによって歌われます。

3) Diese Lieder _____ von diesem Musiker _____.
   これらの歌はこの音楽家によって作曲されました。

4) Heute _____ das Drama _____.
   今日そのドラマが上演されます。

5) Jetzt _____ sein Zimmer _____.
   今から彼の部屋は片付けられます。

6) Seit einer Woche _____ die Tür _____.
   1週間前からそのドアは閉められたままです。

Ⅱ. 受動文に直しましょう。

1) Der Arzt operiert meinen Großvater.

   _____

2) Das Erdbeben zerstörte die Stadt völlig.

   _____

3) Die Polizei hat den Dieb gefasst.

   _____

Ⅲ. 次の文の間違いを見つけ、正しい文にしましょう。

1) Diese Burg hat von Wald umgeben.   このお城は森に囲まれています。

   _____

2) Diese Lage hat jetzt nicht zu ändern.   この状況は今ではもう変えられません。

   _____

3) Der Fernseher wurde von ihm anmachen.   テレビが彼によってつけられました。

   _____

Lektion 15

Wenn ein Kind in der Grundschule gute Leistungen erbringt, würden die meisten Eltern es wohl aufs Gymnasium schicken.

子供が基礎学校でよい成績をあげると、たいていの両親は子供をおそらくギムナジウムに進学させるでしょう。

Das deutsche Schulsystem 🔊 93 ▶

Die Schulpflicht in Deutschland beträgt neun Jahre. Mit sechs Jahren kommen die Kinder in die Grundschule[1]. Diese dauert vier Jahre. Danach hat ein Kind mehrere Möglichkeiten: Es könnte in die Hauptschule[2] gehen, um künftig einen praktischen Beruf zu erlernen. Es hätte aber auch die Möglichkeit, die Realschule[3] zu besuchen, damit es sich später an einer Fachhochschule[4] weiterbilden kann. Wenn ein Kind in der Grundschule gute Leistungen erbringt, würden die meisten Eltern es wohl aufs Gymnasium[5] schicken. Dort kann es Abitur machen und dann an einer Universität studieren. Frühe Entscheidungen also, die nicht immer leicht sind!

1) Grundschule: 基礎（初級）学校　4年制
2) Hauptschule: 基幹学校（Grundschuleに続く5年制）
3) Realschule:　実科学校（Grundschuleに続く6年制）
4) Fachhochschule:（特定分野の）単科大学
5) Gymnasium: ギムナジウム（Grundschuleに続く8・9年制）。Abitur（卒業試験）に合格すると大学入学資格が得られる。

ドイツの教育制度

　ドイツは州に多くの権限が与えられています。ですから、教育制度も州によって異なるのですが、概ね次のようになっています。満六歳の八月から四年間は全員が基礎学校に通います。その後早くも、将来の方向性を決定し、進路に従って、職人を養成するための基幹学校、主に事務職、専門職に就くための実科学校，そして大学へ進むためのギムナジウムに進むことになります。専門の技術と知識を身につけるための有効な教育制度でしたが、10歳前後で進路を決めなければならないので、様々な弊害も指摘されています。

Mein Freund sagte, sein Bruder **lerne** Deutsch.
私の友人は、自分の兄はドイツ語を学んでいると言いました。

Wenn ich Zeit **hätte**, **würde** ich auch Französisch lernen.
もし時間があれば、私はフランス語も学ぶのですが。

§1 接続法とは何でしょう
🔊 94

◆これまで学んできた、ある事柄を事実として表す動詞の形を**直説法**といいます。
また、親称の２人称に対する命令や要求を表す動詞の形を**命令法**といいます。

直説法	Du lernst fleißig Deutsch.	君は熱心にドイツ語を学んでいます。
命令法	Lern* fleißig Deutsch!	熱心にドイツ語を学びなさい。

＊ du に対する命令 　(Lektion 4, S. 23)

◆それに対して、親称の２人称以外の人に対する命令、要求、願望や、引用符を使わないで人
が話したことを表したり、あるいは実現の可能性が低いか、まったくないことを表したりす
る動詞の形を**接続法**といいます。

◆接続法には**第１式**と**第２式**があります。

接続法第１式 　Mein Freund sagte, sein Bruder **lerne** Deutsch.
　　　　　　　　　　　 定動詞　　　　　　　　　　　定動詞

　　　　　　　　私の友人は、自分の兄はドイツ語を学んでいると言いました。

　　　　　　　　lerne が不定詞 lernen の接続法第１式の形です。

接続法第２式 　Wenn ich Zeit **hätte**, **würde** ich auch Französisch lernen.
　　　　　　　　　　　 定動詞　　 定動詞

　　　　　　　　もし時間があれば、私はフランス語も学ぶのですが。

　　　　　　　　hätte が不定詞 haben の、würde が不定詞 werden の接続法第２式の形です。

§2 接続法の形も主語によって変わります

◆接続法も人称変化します。その人称変化の語尾は過去人称変化(Lektion 10, S. 58)の語尾と同じです。

★接続法第1式の形をおぼえましょう

接続法第1式の基本の形は**不定詞の語幹＋e**です。

不定詞		lernen	fahren	sein*	haben	werden
基本の形 (語幹＋e)		lerne	fahre	sei	habe	werde
ich	—	lerne	fahre	sei	habe	werde
du	—st	lernest	fahrest	sei[e]st	habest	werdest
Sie	—n	lernen	fahren	seien	haben	werden
er, sie, es	—	lerne	fahre	sei	habe	werde
wir	—n	lernen	fahren	seien	haben	werden
ihr	—t	lernet	fahret	seiet	habet	werdet
Sie	—n	lernen	fahren	seien	haben	werden
sie	—n	lernen	fahren	seien	haben	werden

＊seinの変化は例外です。

★接続法第2式の形をおぼえましょう

接続法第2式の基本の形は**過去の形＋e**です。

(不規則動詞で幹母音がa, o, uの場合はウムラオトがつきます)

不定詞		lernen	fahren	sein	haben	werden
基本の形 (過去の形＋e)		lernte	führe	wäre	hätte	würde
ich	—	lernte	führe	wäre	hätte	würde
du	—st	lerntest	führest	wärest	hättest	würdest
Sie	—n	lernten	führen	wären	hätten	würden
er, sie, es	—	lernte	führe	wäre	hätte	würde
wir	—n	lernten	führen	wären	hätten	würden
ihr	—t	lerntet	führet	wäret	hättet	würdet
Sie	—n	lernten	führen	wären	hätten	würden
sie	—n	lernten	führen	wären	hätten	würden

練習問題1　次の動詞の接続法第1式の基本の形を書きましょう。その後で、前ページの表を参考に変化させましょう。

① kaufen 買う　　　基本の形 _____ ② kommen 来る　　　基本の形 _____

ich	_____	wir	_____	ich	_____	wir	_____
du	_____	ihr	_____	du	_____	ihr	_____
Sie	_____	Sie	_____	Sie	_____	Sie	_____
er, sie, es	_____	sie	_____	er, sie, es	_____	sie	_____

練習問題2　次の動詞の接続法第2式の基本の形を書きましょう。その後で、前ページの表を参考に変化させましょう。

① kaufen 買う　　　基本の形 _____ ② kommen 来る　　　基本の形 _____

ich	_____	wir	_____	ich	_____	wir	_____
du	_____	ihr	_____	du	_____	ihr	_____
Sie	_____	Sie	_____	Sie	_____	Sie	_____
er, sie, es	_____	sie	_____	er, sie, es	_____	sie	_____

§3 接続法の用法

★要求話法 （接続法第1式）　　　🔊 95

◆親称の2人称du, ihr 以外の人に対する命令、要求などを表します。

Gott **helfe** ihnen!　　　　　　　　　　　神様、彼らを助けてください。

Kommen Sie bitte morgen wieder!　　　どうぞ明日またおいでください。(Lektion 4, S. 23)

Sprechen wir noch einmal darüber!　　もう一度そのことについて話しましょう。

練習問題3　(　　　　　)内の不定詞を接続法第1式にして下線部に書きましょう。

① Gott _____ uns!　(segnen)　　　　神様のお恵みが私たちにありますように。

② Bitte, _____ Sie _____!　(her|kommen)　　どうかこちらへいらしてください。

③ _____ wir zusammen ins Konzert!　(gehen)　　いっしょにコンサートに行きましょう。

★間接話法 （接続法第1式と接続法第2式）　人が話したことを表す

◆引用符を使わないで人が話したことを表します。

◆間接話法では原則として第1式が用いられます。
　ただし、第1式が直説法と同じ形になるときは第2式が用いられることもあります。

Sie sagt: „Mein Freund wohnt in Köln."  96
→ Sie sagt, ihr Freund **wohne** in Köln.　　　彼女は自分のボーイフレンドはケルンに住んでいると言います。

Sie sagten: „Wir kommen gleich."
→ Sie sagten, sie **kämen** gleich.　　　彼らはすぐに来ると言いました。

Mein Freund fragte mich: „Was kaufst du?"
→ Mein Freund fragte mich, was ich **kaufte**.　　私の友人は私に何を買うのかと尋ねました。

練習問題4　下線部をうめて間接話法の文を作りましょう。

① Er sagte: „Ich komme aus Deutschland."

　→ Er sagte, er ＿＿＿＿＿＿ aus Deutschland.

② Sie sagte: „Meine Eltern wohnen in einem großen Haus."

　→ Sie sagte, ihre Eltern ＿＿＿＿＿＿ in einem großen Haus.

★**非現実話法**（接続法第2式）　　**もしも～ならば**　97

◆現実の可能性が低いか、まったくないことを表します。

「もし～ならば」の表現

Wenn ich ein Vogel **wäre**, **flöge** ich zu dir.
Wäre ich ein Vogel, so **würde** ich zu dir fliegen.
　もし私が鳥ならば君のところに飛んでいくのですが。

Ohne deine Hilfe **könnte** ich diese Arbeit nicht vollenden.
　君の助けがなければ私はこの仕事を仕上げられないだろう。

「～であればなあ」の表現

Wenn ich doch mehr Zeit **hätte**!
　もっと時間があればなあ。

「まるで～のように」の表現

Mein Freund tut so, **als ob** er das nicht **wüsste**.
Mein Freund tut so, **als wüsste** er das nicht.
　私の友人はまるでそれを知らないかのようにふるまいます。

ていねいに質問する場合の表現

Könnten (または **Würden**) Sie mir bitte den Weg zum Krankenhaus zeigen?
　病院へ行く道を教えていただけますでしょうか。

Übung 15

Ⅰ. 間接話法の文を作りましょう。

1) Er sagt: „Ich esse zu Mittag und dann gehe ich zur Uni."
   →Er sagt, _____ _____ zu Mittag und dann _____ _____
   zur Uni.

2) Sie sagte: „Meine Freunde besuchen mich."
   →Sie sagte, ihre Freunde _____ _____.

3) Er behauptete: „Dieses Problem ist wichtig."
   →Er behauptete, dieses Problem _____ wichtig.

4) Meine Mutter fragte mich: „Was sagt dein Lehrer dazu?"
   →Meine Mutter fragte mich, was mein Lehrer dazu _____.

Ⅱ. (　　) 内の不定詞を接続法第２式にしましょう。

1) Was _____(werden) Sie kaufen, wenn Sie viel Geld _____(haben)?

2) _____(sein) das Wetter schön, so _____(können) wir auf dem See
   segeln.

3) An deiner Stelle _____ ich eine solche Frage nicht stellen. (werden)

4) Kenji spricht fließend Deutsch, als ob er ein Deutscher _____. (sein)

5) Oh, wenn mein Schatz doch bald _____! (zurück|kommen)

6) _____ Sie bitte mein Gepäck tragen? (können)

Ⅲ. (　　) 内の不定詞を接続法の第１式か第２式にしましょう。

1) Er behauptet, er _____ recht. (haben)

2) Er fragte uns, wann wir Zeit _____. (haben)

3) Oh, wenn ich doch eine Freundin _____! (haben)

4) Meine Freundin sagt, Naoko _____ sehr gut Deutsch sprechen.
   (können)

5) _____ Sie bitte die Tür aufmachen? (werden)

6) Mein Vater sagte, er _____ ein neues Auto kaufen. (wollen)

7) Wäre meine Tochter nicht krank, so _____ sie nach Berlin reisen.
   (können)

主要不規則動詞変化表

不定詞	直接法現在		過去基本形	接続法第Ⅱ式	過去分詞
backen （パンなどを）焼く	*du* *er*	bäckst (backst) bäckt (backt)	**backte** **(buk)**	backte (büke)	**gebacken**
befehlen 命令する	*du* *er*	befiehlst befiehlt	**befahl**	befähle (beföhle)	**befohlen**
beginnen 始める、始まる			**begann**	begänne (begönne)	**begonnen**
bieten 提供する			**bot**	böte	**geboten**
binden 結ぶ			**band**	bände	**gebunden**
bitten 頼む			**bat**	bäte	**gebeten**
bleiben とどまる			**blieb**	bliebe	**geblieben**
braten （肉などを）焼く	*du* *er*	brätst brät	**briet**	briete	**gebraten**
brechen 破る、折る	*du* *er*	brichst bricht	**brach**	bräche	**gebrochen**
brennen 燃える			**brannte**	brennte	**gebrannt**
bringen 運ぶ、持ってくる			**brachte**	brächte	**gebracht**
denken 考える			**dachte**	dächte	**gedacht**
dürfen …してもよい	*ich* *du* *er*	darf darfst darf	**durfte**	dürfte	**gedurft** **(dürfen)**
empfehlen 推薦する	*du* *er*	empfiehlst empfiehlt	**empfahl**	empföhle (empfähle)	**empfohlen**
erschrecken 驚く	*du* *er*	erschrickst erschrickt	**erschrak**	erschräke	**erschrocken**
essen 食べる	*du* *er*	iss[es]t isst	**aß**	äße	**gegessen**
fahren （乗物で）行く	*du* *er*	fährst fährt	**fuhr**	führe	**gefahren**
fallen 落ちる	*du* *er*	fällst fällt	**fiel**	fiele	**gefallen**

不定詞	直接法現在		過去基本形	接続法第Ⅱ式	過去分詞
fangen 捕える	*du* *er*	fängst fängt	**fing**	finge	**gefangen**
finden 見つける			**fand**	fände	**gefunden**
fliegen 飛ぶ			**flog**	flöge	**geflogen**
fliehen 逃げる			**floh**	flöhe	**geflohen**
fließen 流れる			**floss**	flösse	**geflossen**
frieren 凍る			**fror**	fröre	**gefroren**
geben 与える	*du* *er*	gibst gibt	**gab**	gäbe	**gegeben**
gehen 行く			**ging**	ginge	**gegangen**
gelingen 成功する			**gelang**	gelänge	**gelungen**
gelten 値する、有効である	*du* *er*	giltst gilt	**galt**	gälte (gölte)	**gegolten**
genießen 享受する、楽しむ			**genoss**	genösse	**genossen**
geschehen 起こる	*es*	geschieht	**geschah**	geschähe	**geschehen**
gewinnen 獲得する、勝つ			**gewann**	gewönne (gewänne)	**gewonnen**
graben 掘る	*du* *er*	gräbst gräbt	**grub**	grübe	**gegraben**
greifen つかむ			**griff**	griffe	**gegriffen**
haben 持っている	*ich* *du* *er*	habe hast hat	**hatte**	hätte	**gehabt**
halten 持って (つかんで) いる	*du*	hältst	**hielt**	hielte	**gehalten**
hängen 掛っている			**hing**	hinge	**gehangen**
heben 持ち上げる			**hob**	höbe	**gehoben**

不定詞		直接法現在	過去基本形	接続法第Ⅱ式	過去分詞
heißen …と呼ばれる、という名前である			**hieß**	hieße	**geheißen**
helfen 助ける	*du* *er*	hilfst hilft	**half**	hülfe (hälfe)	**geholfen**
kennen 知る			**kannte**	kennte	**gekannt**
kommen 来る			**kam**	käme	**gekommen**
können …できる	*ich* *du* *er*	kann kannst kann	**konnte**	könnte	**gekonnt** **(können)**
laden （荷を）積む	*du* *er*	lädst lädt	**lud**	lüde	**geladen**
lassen …させる	*du* *er*	läss[es]t lässt	**ließ**	ließe	**gelassen** **(lassen)**
laufen 走る	*du* *er*	läufst läuft	**lief**	liefe	**gelaufen**
leiden 悩む、苦しむ			**litt**	litte	**gelitten**
leihen 貸す、借りる			**lieh**	liehe	**geliehen**
lesen 読む	*du* *er*	lies[es]t liest	**las**	läse	**gelesen**
liegen 横たわっている			**lag**	läge	**gelegen**
lügen うそをつく			**log**	löge	**gelogen**
messen 測る	*du* *er*	misst misst	**maß**	mäße	**gemessen**
mögen …かもしれない	*ich* *du* *er*	mag magst mag	**mochte**	möchte	**gemocht** **(mögen)**
müssen …ねばならない	*ich* *du* *er*	muss musst muss	**musste**	müsste	**gemusst** **(müssen)**
nehmen 取る	*du* *er*	nimmst nimmt	**nahm**	nähme	**genommen**
nennen …と呼ぶ			**nannte**	nennte	**genannt**

不定詞	直接法現在		過去基本形	接続法第Ⅱ式	過去分詞
raten 助言する	*du* *er*	rätst rät	**riet**	riete	**geraten**
reißen 引きちぎる	*du* *er*	reißt reißt	**riss**	risse	**gerissen**
reiten （馬で）行く			**ritt**	ritte	**geritten**
rennen 走る			**rannte**	rennte	**gerannt**
rufen 叫ぶ、呼ぶ			**rief**	riefe	**gerufen**
schaffen 創造する			**schuf**	schüfe	**geschaffen**
scheinen 輝く、思われる			**schien**	schiene	**geschienen**
schieben 押す			**schob**	schöbe	**geschoben**
schießen 撃つ			**schoss**	schösse	**geschossen**
schlafen 眠っている	*du* *er*	schläfst schläft	**schlief**	schliefe	**geschlafen**
schlagen 打つ	*du* *er*	schlägst schlägt	**schlug**	schlüge	**geschlagen**
schließen 閉じる			**schloss**	schlösse	**geschlossen**
schmelzen 溶ける	*du* *er*	schmilz[es]t schmilzt	**schmolz**	schmölze	**geschmolzen**
schneiden 切る			**schnitt**	schnitte	**geschnitten**
schreiben 書く			**schrieb**	schriebe	**geschrieben**
schreien 叫ぶ			**schrie**	schriee	**geschrien**
schweigen 沈黙する			**schwieg**	schwiege	**geschwiegen**
schwimmen 泳ぐ			**schwamm**	schwömme (schwämme)	**geschwommen**
schwinden 消える			**schwand**	schwände	**geschwunden**

不定詞	直接法現在		過去基本形	接続法第Ⅱ式	過去分詞
sehen 見る	*du* *er*	siehst sieht	**sah**	sähe	**gesehen**
sein …である	*ich* *du* *er* *wir* *ihr* *sie*	bin bist ist sind seid sind	**war**	wäre	**gewesen**
senden 送る（、放送する）			**sandte (sendete)**	sendete	**gesandt (gesendet)**
singen 歌う			**sang**	sänge	**gesungen**
sinken 沈む			**sank**	sänke	**gesunken**
sitzen 座っている	*du* *er*	sitzt sitzt	**saß**	säße	**gesessen**
sollen …すべきである	*ich* *du* *er*	soll sollst soll	**sollte**	sollte	**gesollt (sollen)**
sprechen 話す	*du* *er*	sprichst spricht	**sprach**	spräche	**gesprochen**
springen 跳ぶ			**sprang**	spränge	**gesprungen**
stechen 刺す	*du* *er*	stichst sticht	**stach**	stäche	**gestochen**
stehen 立っている			**stand**	stände (stünde)	**gestanden**
stehlen 盗む	*du* *er*	stiehlst stiehlt	**stahl**	stähle (stöhle)	**gestohlen**
steigen 登る			**stieg**	stiege	**gestiegen**
sterben 死ぬ	*du* *er*	stirbst stirbt	**starb**	stürbe	**gestorben**
stoßen 突く	*du* *er*	stöß[es]t stößt	**stieß**	stieße	**gestoßen**
streichen なでる			**strich**	striche	**gestrichen**
streiten 争う			**stritt**	stritte	**gestritten**
tragen 運ぶ	*du* *er*	trägst trägt	**trug**	trüge	**getragen**

不定詞	直接法現在		過去基本形	接続法第Ⅱ式	過去分詞
treffen 当たる、会う	*du* *er*	triffst trifft	**traf**	träfe	**getroffen**
treiben 追う			**trieb**	triebe	**getrieben**
treten 歩む、踏む	*du* *er*	trittst tritt	**trat**	träte	**getreten**
trinken 飲む			**trank**	tränke	**getrunken**
tun する	*ich* *du* *er*	tue tust tut	**tat**	täte	**getan**
vergessen 忘れる	*du* *er*	vergisst vergisst	**vergaß**	vergäße	**vergessen**
verlieren 失う			**verlor**	verlöre	**verloren**
wachsen 成長する	*du* *er*	wächst wächst	**wuchs**	wüchse	**gewachsen**
waschen 洗う	*du* *er*	wäschst wäscht	**wusch**	wüsche	**gewaschen**
wenden 向ける（、裏返す）			**wandte** **(wendete)**	wendete	**gewandt** **(gewendet)**
werben 得ようと努める	*du* *er*	wirbst wirbt	**warb**	würbe	**geworben**
werden …になる	*du* *er*	wirst wird	**wurde**	würde	**geworden** **(worden)**
werfen 投げる	*du* *er*	wirfst wirft	**warf**	würfe	**geworfen**
wissen 知る	*ich* *du* *er*	weiß weißt weiß	**wusste**	wüsste	**gewusst**
wollen …しようと思う	*ich* *du* *er*	will willst will	**wollte**	wollte	**gewollt** **(wollen)**
ziehen 引く、移動する			**zog**	zöge	**gezogen**
zwingen 強要する			**zwang**	zwänge	**gezwungen**

わかるぞドイツ語！ みえるぞドイツ！
WEB 改訂版

検印
省略

©2014年1月15日　DVD わかるぞドイツ語！　　第1版発行
　　　　　　　　　みえるぞドイツ！
2019年9月30日　DVD わかるぞドイツ語！　　第6刷発行
　　　　　　　　　みえるぞドイツ！
©2022年1月25日　わかるぞドイツ語！　　　第1版発行
　　　　　　　　　みえるぞドイツ！ WEB 改訂版
2024年3月1日　　わかるぞドイツ語！　　　第3刷発行
　　　　　　　　　みえるぞドイツ！ WEB 改訂版

著　者　　　　　　　　　　　春　日　正　男

　　　　　　　　　　　　　　松　澤　　　淳

協　力　　　　　　　　　　　Wolfgang Schlecht

発行者　　　　　　　　　　　原　　雅　久

発行所　　　　　　　　株式会社 朝日出版社
　　　　　　　〒101-0065 東京都千代田区西神田 3-3-5
　　　　　　　　TEL (03) 3239-0271・72（直通）
　　　　　　　　振替口座　東京 00140-2-46008
　　　　　　　　メディアアート／図書印刷

ISBN978-4-255-25451-7 C1084
https://www.asahipress.com